El Puente de las Estrellas: La Encrucijada Cuántica

José Francisco Galarza Flores

Créditos y Derechos

El Puente de las Estrellas: La Encrucijada Cuántica.

José Francisco Galarza Flores

© José Francisco Galarza Flores, 2025.
Todos los derechos reservados.

Ninguna parte de esta publicación puede ser reproducida, almacenada en sistemas de recuperación de información, ni transmitida de ninguna forma ni por ningún medio, ya sea electrónico, mecánico, fotocopiado, grabado u otros, sin el permiso previo por escrito del autor, excepto en el caso de breves citas para reseñas o artículos críticos, de acuerdo con las disposiciones de la ley de derechos de autor.

Primera edición: 2025
Publicado por: Brvey Press
Diseño de portada: Diseñado por el autor.

Aviso legal:

Esta es una obra de ficción. Los nombres, personajes, lugares y eventos son producto de la imaginación del autor o se utilizan de manera ficticia. Cualquier similitud con personas, vivas o fallecidas, eventos reales o lugares es completamente coincidencia.

Para más información sobre el autor o para contacto, visita:

www.josefgalarzaflores.com
brveypress@gmail.com

Brvey PRESS

Sobre el autor

José F. Galarza Flores, natural de San Lorenzo, Puerto Rico, es un reconocido Trabajador Social Forense cuya trayectoria profesional se ha centrado en la resolución de conflictos y el análisis integral de dinámicas familiares complejas. Con una sólida formación en mediación de conflictos, negociación, arbitraje y coordinación parental, José se ha destacado como una figura clave tanto en el ámbito judicial como extrajudicial. Su experiencia como perito evaluador, consultor y revisor en casos de custodia, adopción, tutela y estudios interjurisdiccionales lo ha posicionado como un referente en su campo.

Actualmente, José F. Galarza Flores ejerce como CEO de Aleph Solutions, una empresa líder en la prestación de servicios periciales forenses que se distingue por su enfoque innovador en la gestión de los determinantes sociales de la salud. Su compromiso con prácticas basadas en evidencia y un análisis holístico ha permitido a Aleph Solutions desarrollar soluciones centradas en el bienestar individual y familiar, contribuyendo significativamente al avance de la salud social en Puerto Rico y más allá.

En el ámbito académico, José desempeña un papel fundamental como profesor conferenciante en la Universidad Ana G. Méndez, campus de Gurabo, donde imparte clases en el Programa de Maestría en Trabajo Social Forense. Su pasión por la enseñanza y su liderazgo académico han sido cruciales para la formación de nuevas generaciones de profesionales comprometidos con la ética y la excelencia en el Trabajo Social.

Además de su destacada carrera profesional, José F. Galarza Flores es un activista pro-derechos humanos, dedicado a la atención de poblaciones vulnerables desde una perspectiva emancipadora. Ha diseñado instrumentos para la evaluación y medición de índices de letalidad, factores de riesgo y protectores en casos de violencia doméstica, y ha trabajado extensamente en la evaluación social forense en asuntos de familia y menores, relocalización, adopción y custodia.

En su faceta literaria, José ha incursionado en proyectos que fusionan el drama psicológico, la reflexión filosófica y la crítica social. Su primera novela, "Tosochojo Emajaguas", está ambientada en el corazón de Puerto Rico y aborda temáticas universales como la violencia machista, la repercusión de la salud mental en comunidades en riesgo y la búsqueda de justicia en un sistema que a menudo perpetúa la desigualdad y el abandono. Concebida originalmente como un cortometraje, la obra refleja el gusto de su autor por los cuentos fantásticos, la novela policiaca y la filosofía, imprimiendo un estilo narrativo que estimula la reflexión.

Posteriormente, José amplió el espectro narrativo de *Tosochojo Emajaguas* con "El eterno retorno, Amalia Emajaguas Flowers", una precuela que profundiza en los orígenes de los personajes centrales y los hilos familiares que definen sus destinos. Con un equilibrio entre simbolismo y emotividad, esta novela se sostiene por sí misma, pero al mismo tiempo enriquece la lectura de su predecesora, al desvelar las motivaciones y los conflictos íntimos que moldean a sus protagonistas.

A la par de estas obras, el autor explora temáticas de ciencia y libre albedrío en proyectos como *"El Puente de las Estrellas: La Encrucijada Cuántica"*, donde conjuga aspectos de la mecánica cuántica con elementos de la cultura taína y profundos dilemas ético-filosóficos. La obra reflexiona sobre la posible coexistencia de distintas líneas temporales y la responsabilidad humana ante las fuerzas que apenas comenzamos a comprender.

Sus obras, ya sea en el drama familiar, la crítica social o la ciencia ficción filosófica, se caracterizan por un enfoque humanista: la dignidad de las personas y el poder transformador del conocimiento son el hilo conductor de sus historias. Cada título invita a cuestionar lo establecido y a asumir, con valentía, la capacidad de rescribir nuestra propia narrativa.

FFR   JFGF

PRÓLOGO

Orocovis, Puerto Rico. Bajo un cielo tan profundo que parecía haber sido pintado con la tinta de las constelaciones, un niño escuchaba en silencio la voz pausada de su abuelo. Sentados en un humilde balcón de madera, la brisa nocturna les acariciaba el rostro y el canto de los coquíes se mezclaba con las historias que brotaban de labios ancianos. Aquella noche, la luna dibujaba un contorno plateado sobre los montes y los dos contemplaban la bóveda estrellada como quien lee un libro abierto a un lenguaje desconocido.

—Mira, Dieguito —solía decirle el abuelo—, *mira las luces infinitas que hay arriba, como un puente que une mundos. Podemos creer que no significan nada... o podemos sentir que su susurro nos habla de un orden más grande que nuestra propia vida.*

Era una escena sencilla —una mecedora, un niño, un anciano y las estrellas— pero contenía un germen de posibilidades que trascendían la lógica terrestre. Aquel niño de mirada curiosa se llamaba Diego Cemí Flores. Años más tarde, se convertiría en ingeniero y llegaría a ser reclutado por la NASA, con el anhelo de tocar esos puntos de luz que alimentaron sus primeros sueños. Sin embargo, los ecos de las historias taínas y los misterios del cosmos no solo le entregarían sabiduría científica, sino también un caudal de preguntas abismales.

Esta historia arranca en ese intersticio, donde la ciencia y la espiritualidad se miran de frente; donde el tiempo deja de ser un simple flujo irreversible para revelarse como una trama de hilos que se cruzan y bifurcan; y donde la voluntad humana —diminuta y gigantesca a la vez— se alza para desafiar un futuro que parece escrito en el firmamento. Las estrellas —cómplices y silenciosas— serán testigos de la odisea de Diego en su lucha por desentrañar un destino incierto, abrazando la herencia ancestral de su tierra y el llamado insondable de lo desconocido. Y, en medio de esa encrucijada, solo el coraje de elegir podrá dictar si el universo se abre cual puente de luz... o se rasga en un cataclismo anunciado.

ACTO I: EL LLAMADO AL VIAJE

Si somos parte de un mismo todo y, por tanto, compartimos los mismos componentes esenciales, entonces la individualidad se disuelve en la unidad. Cada pensamiento, cada acción y cada existencia son expresiones de una única consciencia que se manifiesta en innumerables formas a través del tiempo. En este entendimiento, reconocemos que al amarnos y comprendernos profundamente, estamos abrazando al mismo ser universal que nos incluye a cada uno, recordándonos que la verdadera perfección reside en la unidad intrínseca de todo lo que es.

Capítulo 1: El puente de las estrellas

La noche había pintado el cielo sobre Orocovis con un manto profundo y estrellado. Las montañas que rodeaban el pequeño pueblo de Puerto Rico se erguían como silenciosos centinelas, y un aire fresco, cargado de la sutil fragancia de la Flor de Maga y café en preparándose, corría suave entre las casas dispersas. En una de esas casas, ubicada en lo alto de una loma pedregosa, el niño Diego Cemí Flores, de apenas ocho años, aguardaba impaciente la llegada de su abuelo.

Cuando finalmente lo vio salir al balcón, Diego corrió al encuentro con la energía que solo puede nacer en la infancia. Allí, bajo la luz pálida de la luna, su abuelo se sentó en una mecedora vieja, de madera oscura, que parecía crujir con cada uno de sus movimientos. El anciano lo invitó a sentarse a su lado con una mirada tierna y, con un susurro cómplice, señaló hacia arriba:

—Mira el cielo, Dieguito. A veces, cuando te quedas bien quieto y tus ojos se acostumbran a la oscuridad, puedes ver mucho más allá de lo que imaginas.

Diego levantó la vista y se maravilló con la infinidad de luces diminutas que brillaban en la bóveda celeste. Era una visión que lo conmovía: cada estrella parecía un milagro lejano y, a la vez, cercano a su corazón infantil.

El abuelo, de quien Diego siempre recordaba el inconfundible olor a tabaco y café, le sonrió con la calidez de un maestro dispuesto a contar un secreto:

—Te voy a hablar de algo que nuestros antepasados taínos llamaban *El Puente de las Estrellas*.

Diego, fascinado, se acomodó en el regazo de aquel hombre que tanto admiraba. La voz del abuelo se volvió más profunda, casi mágica:

—Dicen los viejos que, cuando soñamos, no solo viajamos a mundos extraños o a nuestra propia imaginación. A veces, cruzamos un puente hecho de luz y estrellas. Un puente que une el pasado y el futuro. Ese puente, si aprendes a verlo con los ojos del corazón, te lleva a encontrar respuestas que la mente todavía no comprende.

El niño lo miró con los ojos muy abiertos:

—¿Y uno puede ver el futuro? ¿Puede ir a otro tiempo?

El abuelo bajó la mirada hacia Diego, posando una mano áspera en su hombro:

—Tal vez, Dieguito. Pero no debes usarlo para fines egoístas. El *Puente de las Estrellas* puede mostrarnos caminos que no estamos listos para recorrer. Nuestros antepasados decían que aquel que abusara de su poder, o lo cruzara con malas intenciones, despertaría fuerzas inmensas más allá de nuestro entendimiento.

En ese momento, una estrella fugaz surcó el firmamento, dejando tras de sí un breve destello plateado. Diego, abrumado por la maravilla, pensó que esa luz confirmaba, de algún modo, las palabras del abuelo. Sintió en el pecho una mezcla de asombro y respeto.

Era la primera vez que oía sobre aquel misterioso puente y no sería la última. Esa noche, la historia quedó grabada en su mente para siempre.

Una semilla que crece

A lo largo de su infancia, Diego solía salir al balcón con el abuelo en las noches despejadas. Cada vez que preguntaba algo, el anciano le contestaba con otro pedazo de la historia, construyendo en su imaginación un mapa del universo lleno de promesas y advertencias. Hablaba de cómo los taínos miraban las constelaciones y les daban nombres propios; de cómo creían que la conciencia humana podía trascender el tiempo durante los sueños.

Lo que más entusiasmaba a Diego era la posibilidad de que existiera un sitio, un punto de intersección en el cielo, que conectara los distintos momentos de la vida —pasado, presente y futuro— y que tal vez las estrellas susurraran verdades que el día ocultaba con su bullicio.

Pronto, sin embargo, las historias del abuelo se mezclaron con la vida cotidiana. Mientras Diego crecía, debía atender la escuela, ayudar en las tareas de la casa, y lidiar con la realidad de un pueblo pequeño donde las oportunidades escaseaban. Pero la curiosidad no lo abandonó: él quería ver más allá de las montañas que lo rodeaban.

Cuando cumplió diez años, el abuelo enfermó de gravedad. Diego lo acompañó en el hospital de San Juan varias veces, en pasillos blancos que contrastaban con la vitalidad de los montes orocoveños. Fue entonces cuando el anciano, a sabiendas de que su tiempo se agotaba, le regaló una libreta marrón con algunas notas escritas a mano: eran reflexiones sobre el *Puente de las Estrellas*, dibujos de constelaciones y fragmentos de palabras taínas que apenas podían leerse.

—Guárdalo bien, Dieguito —le dijo con la voz temblorosa—. Aquí hay pedacitos de lo que yo aprendí de mis abuelos. Están desordenados, pero con el tiempo, tal vez tú logres darles sentido.

Diego abrazó la libreta como si fuese un tesoro. Aquella noche, su abuelo partió con el susurro de una promesa: *"Si aprendes a soñar, nos volveremos a ver."*

La vida cambió: la casa se sintió más vacía, y la risa del

abuelo ya no resonaba en las paredes. Pero la semilla de la curiosidad había quedado plantada en el corazón de Diego, y empezó a germinar lentamente.

Un sueño que se forja en la realidad

Con el paso de los años, Diego centró su atención en la ciencia. Después de todo, en la escuela aprendía que las estrellas no eran espíritus, sino enormes bolas de plasma ardiendo a millones de kilómetros de distancia; que el tiempo se medía en segundos y minutos, y que existían teorías físicas que explicaban el cosmos.

Sin embargo, en el fondo de su mente, siempre latía una chispa de aquella magia infantil: la posibilidad de que quizá el abuelo no se hubiese equivocado del todo. A medida que crecía, decidió que la mejor forma de perseguir esa curiosidad era convirtiéndose en ingeniero y trabajando para la NASA. Algo en su interior le susurraba que aquel puente mítico y la ciencia podían ser partes de un mismo rompecabezas.

En la Universidad de Puerto Rico, Recinto de Mayagüez, Diego se destacó por su disciplina, su perseverancia y su gran dedicación a la ingeniería mecánica. Cada año era un paso más cerca de cumplir ese anhelo: tocar el espacio, al menos a través de las máquinas que lo exploraban.

Se levantaba antes del amanecer para repasar ecuaciones, trabajaba como asistente en laboratorios donde se testeaban materiales de prueba para cohetes y, en las noches, a veces volvía a la casa familiar en Orocovis, donde abría la libreta marrón del abuelo. Leía aquellas frases crípticas que decían cosas como *"los sueños nacen en el corazón del cielo"* o *"la línea del tiempo se curva donde se unen dos consciencias"*. No entendía del todo esas reflexiones, pero las sentía como un estímulo para seguir adelante.

Un día, durante su último semestre en la universidad, llegó a la oficina de correos una carta con el membrete oficial de la NASA. Se trataba de una invitación para una entrevista de trabajo en Houston. Diego apenas podía creerlo. Pasó la noche en vela, leyendo todo lo que podía sobre las bases de la agencia, sus proyectos actuales y los requerimientos para misiones espaciales a futuro.

De algún modo, sentía que su abuelo estaría muy orgulloso

si lo viera: aquella pasión por las estrellas, que había iniciado con historias y leyendas taínas, ahora lo llevaría a tocar los límites de la exploración espacial real. No solo quería sumarse a un proyecto; soñaba con ser uno de los ingenieros detrás de la primera misión tripulada a Marte. Y aunque en su mente resonaba el eco de la fantasía infantil sobre el Puente de las Estrellas, sus planes estaban anclados en la practicidad de la ciencia.

Un nuevo horizonte: la entrevista en la NASA

Cuando Diego arribó a Houston, quedó impresionado por la magnitud del complejo de la NASA. Era un enjambre de edificios, pasillos interminables, gente con credenciales llamativas, y un aura de innovación que lo sobrecogía. Se sentía como el niño que una vez miraba las estrellas en la montaña, solo que ahora se hallaba en el epicentro de quienes realmente las estudiaban y exploraban.

Aun así, el vértigo de sentirse el "más pequeño" de aquel lugar no desaparecía. El *síndrome del impostor* lo acompañó desde el momento en que pisó la recepción. Había candidatos de universidades prestigiosas, con doctorados en física, mecánica y aeronáutica, mientras él solo contaba con su título de ingeniería y la experiencia local en Puerto Rico.

—Tranquilo, Diego... tranquilo —murmuraba para sí mientras aguardaba su turno en una sala de espera luminosa. Observaba a su alrededor a otros candidatos que conversaban en voz baja de asuntos muy técnicos.

Pero la ansiedad no bloqueó su determinación. Recordó sus noches en Orocovis, las palabras de su abuelo, el camino que lo había traído hasta allí. Se dijo que, si había alguien más que dudaba de su valía, él tendría que ser el primero en demostrar que estaban equivocados.

Finalmente, una asistente lo llamó para pasar al auditorio principal, donde se presentaría el equipo de evaluación. Durante la espera, Diego escuchó fragmentos de la conversación previa al inicio de la sesión. Los científicos que hablaban en el estrado mencionaban algunos temas avanzados: "viajes interplanetarios prolongados", "efectos de la radiación cósmica en el cuerpo humano", "agujeros de gusano" y "entrelazamiento cuántico".

Al oír frases como "la posibilidad de que el tiempo no sea lineal" y "la percepción del observador determina la realidad", tuvo una extraña sensación de **déjà vu**. Una punzada que le recordó los mitos taínos y las notas dla libreta marrón. Y antes de que pudiera procesarlo, una voz en el micrófono anunció:

—Candidatos y candidatas, por favor, pasen a la mesa de acreditación.

Diego tragó y respiró profundo. Empezaba la prueba de fuego.

Un déjà vu inquietante

La entrevista en sí fue maratónica. El panel estaba conformado por científicos con trayectorias impresionantes y altos cargos en la NASA. Uno de ellos, un físico de renombre, planteó preguntas muy específicas: cómo se podrían rediseñar motores para una misión de larga duración; qué materiales se podrían optimizar para resistir las condiciones de Marte; y, en un giro más inusual, cómo concebía Diego la posibilidad de "transmitir datos" a través de métodos cuánticos.

Cada vez que Diego respondía, se esforzaba por parecer seguro, pero algo en su interior lo inquietaba profundamente. Notaba que, en cierto punto, la conversación tocaba un nivel teórico que parecía casi *sobrenatural*, como si la línea entre la ciencia y la especulación se difuminara.

Uno de los científicos mencionó, de manera casual, la hipótesis de que "el tiempo puede ser una dimensión tan manipulable como el espacio, dependiendo de la referencia del observador." Ese comentario reavivó en Diego la memoria de su abuelo hablando de puentes y tiempos que se mezclaban. Fue como sentir un eco lejano retumbando en su conciencia:

"Cuando sueñas, cruzas un puente de luz..."

Incapaz de apartar esa idea de su cabeza, salió de la entrevista a media tarde, con la mente exhausta y un zumbido constante de teorías, ecuaciones y viejas historias familiares. Se dirigió al hotel donde se hospedaba, sin notar apenas el camino. Su cabeza hervía. Por un lado, estaba fascinado con las implicaciones de esos proyectos tan visionarios; por otro, sentía un miedo irracional de que algo estuviese latiendo justo bajo la superficie de la realidad, algo que él no lograba asir con palabras lógicas.

Una noche de revelaciones

Ya en la habitación del hotel, Diego se dejó caer sobre la cama, cerrando los ojos para ordenar las ideas. Hasta que, sin darse cuenta, se quedó dormido.

Lo que vino después fue un sueño tan vívido que casi parecía real. Se vio a sí mismo, pero no con su aspecto actual. Era un hombre mayor, con arrugas marcadas en la frente y canas en las sienes. Llevaba un traje informal, como de laboratorio, y una expresión de urgencia en el rostro.

En el sueño, aquel "otro Diego" alargó una mano temblorosa y le dijo con voz quebrada:

—No viajes… no abras el portal…

Diego sintió un estremecimiento al escuchar esas palabras,

pero el hombre anciano —o su versión anciana— siguió hablando:

—Si lo haces... perderemos todo. No podemos detener... el tiempo nos atrapa...

Después de aquello, la voz se disipó como un eco. Diego quiso gritar, preguntar "¿A qué te refieres? ¿Qué es lo que debo evitar?", pero su yo envejecido desapareció en una neblina opaca. El escenario cambió y, por un instante, Diego se vio en un lugar idéntico al balcón de la casa de su abuelo en Orocovis. Solo que el cielo estaba extraño, con destellos rojos y un silencio opresivo.

Se despertó con la respiración entrecortada, empapado en sudor. Al encender la luz, notó que apenas habían pasado un par de horas. Miró a su alrededor, tratando de convencer a su mente de que aquello solo había sido un sueño. Pero la sensación era tan real que no pudo evitar sentarse en la orilla de la cama y llevarse las manos a la cara, conmocionado.

—¿Qué demonios fue eso...? —susurró.

El recuerdo del abuelo, las preguntas sobre el tiempo que no era lineal, la entrevista en la NASA y ahora ese "otro yo" advirtiéndole sobre un peligro desconocido. Todo se fusionaba en una certeza escalofriante: había algo en el horizonte que no entendía y que lo asustaba más de lo que quería admitir.

Hasta ese momento, Diego creyó que el mayor reto que afrontaría sería demostrar su valía profesional. Pero ahora se dibujaba ante él un conflicto mucho más complejo, uno que parecía trascender los límites convencionales de la ciencia y amenazaba con trastocar todo lo que creía saber del universo, del destino... y de sí mismo.

Con el corazón todavía palpitando con fuerza, miró por la ventana hacia la ciudad iluminada. En la distancia, se podían ver las instalaciones de la NASA destacándose bajo el brillo de farolas y reflectores. Se preguntó qué tantas historias ocultarían esos edificios, cuántos sueños se habrían gestado o destruido entre sus muros, y si acaso alguien más habría experimentado esa misma sensación de que el "tiempo" no era exactamente lo que se pensaba.

—Tal vez... —murmuró— tal vez solo fue mi mente estresada.

Pero en el fondo, sabía que no era cualquier sueño. Algo le decía que, en ese instante, se estaba abriendo una pequeña grieta entre lo conocido y lo imposible, y que esa grieta estaba llamándolo.

Se levantó con determinación y sacó del equipaje la libreta marrón que un día le había regalado su abuelo. Sin comprender bien por qué, hojeó sus páginas, esas que contenían garabatos, dibujos de constelaciones y frases sueltas en un español enrredao, mezclado con palabras taínas.

De pronto, sus ojos se detuvieron en una pequeña anotación al margen, escrita con la letra temblorosa del anciano: *"No es la ciencia la que encuentra al alma... es el alma la que encuentra la ciencia."*

Cerró la libreta. Sintió una punzada en el pecho, mitad nostalgia, mitad duda. En su mente, una sola pregunta surgía con fuerza:

"¿Qué es lo que realmente me espera si sigo este camino?"

La noche parecía envolverlo en un silencio espeso, pero las estrellas que se veían por la ventana parecieron parpadear con intensidad, como si quisieran tranquilizarlo. Estuvo tentado a creer que era la misma magia de la que hablaba su abuelo, un leve guiño desde aquel *Puente de las Estrellas* donde convergían pasado y futuro.

Sin embargo, Diego, ya no un niño, sabía que al día siguiente lo esperaba de nuevo la realidad: la posibilidad de entrar a un proyecto de la NASA que podría cambiar su vida. Solo que, esta vez, sentía que la decisión no se limitaba a cumplir un sueño profesional, sino que, de alguna forma, involucraba el destino mismo del que tanto se hablaba en los viejos mitos y en las más recientes teorías del tiempo.

Y así, con el corazón dividido entre la pasión por la ciencia y un presentimiento inquietante, Diego se quedó mirando la ventana hasta que los primeros destellos del amanecer le indicaron que debía prepararse para lo que viniera. Había dado el primer paso hacia algo que iba más allá de su comprensión, pero el viaje apenas comenzaba.

Capítulo 2: Ecos del futuro

El amanecer en Houston llegó cargado de un cielo despejado y una leve bruma que se disipaba con el sol. Diego Cemí Flores se había quedado dormido muy tarde, todavía con el sobresalto de aquel sueño vívido en el que su versión anciana le advertía sobre un peligro inminente. Abrió los ojos con dificultad y notó que apenas tenía tiempo para desayunar antes de regresar a las instalaciones de la NASA. Se sentía exhausto, pero la curiosidad y la urgencia que emanaban de aquella extraña experiencia lo impulsaron a levantarse.

Tras recoger sus cosas a toda prisa y echar un rápido vistazo la libreta marrón de su abuelo—que guardaba celosamente en un bolsillo del maletín—, Diego se dirigió al lobby del hotel. Aún reflexionaba sobre las palabras de su otro "yo" del futuro: "No viajes... no abras el portal...". Lo repetía en su cabeza sin comprender todavía su significado. ¿Se refería a la misión a Marte? ¿O a algo distinto, algo más cercano a los secretos de la física cuántica que parecían rondar en el ambiente?

Una bienvenida inesperada

Ya en la sede central de la NASA, Diego se encontró con una pequeña multitud de ingenieros y científicos que caminaban con semblante apurado por los pasillos. Varios de los candidatos de la entrevista del día anterior también parecían estar allí, hablando en voz baja y con expresión expectante. La incertidumbre estaba en el aire: todos aguardaban los resultados de esa rigurosa selección que definiría su futuro profesional.

Mientras Diego se sumaba a esa atmósfera de nervios y adrenalina, un asistente con gafas y apariencia amable se acercó a él con una sonrisa educada:

—¿Diego Cemí Flores?
—Sí, soy yo.
—El Dr. Pagán le pide que pase a la sala de conferencias.

Están terminando de organizar todo. Espere unos minutos ahí, por favor.

Con un ligero nudo en el estómago, Diego avanzó siguiendo las indicaciones. La sala de conferencias era amplia, con asientos dispuestos en filas y una gran pantalla al frente. Conforme entraba, echó un vistazo rápido: al menos una docena de aspirantes se habían acomodado ya. Todos guardaban silencio. Diego escogió una butaca en la parte posterior y se sentó, notando que su corazón latía con fuerza. Por un instante, pensó en las montañas de Orocovis, en la calma de su casa y en cuán lejos se sentía de aquel remanso. Sin embargo, estaba allí por un motivo: su sueño de trabajar en la exploración espacial.

El veredicto

Pasaron varios minutos hasta que la puerta de la sala se abrió y entró un grupo de personas con aspecto solemne. Reconoció entre ellos a la Dra. Evelyn Hernández—una mujer de pelo castaño recogido en un moño y gafas rectangulares—, a quien había visto fugazmente el día anterior. Detrás de ella caminaba un hombre alto y delgado, de unos cincuenta y tantos, con una mirada penetrante: el Dr. Pagán, probablemente. Junto a ellos, algunos científicos más colocaron portafolios y carpetas sobre una larga mesa frente a la sala.

El Dr. Pagán, con voz firme y modulada, rompió el silencio:

—Buenos días a todas y todos. Ayer tuvimos un proceso intenso de entrevistas y pruebas técnicas para seleccionar nuevos miembros en el proyecto *Ananké-Marte*, así como en otros departamentos de investigación avanzada de la NASA. Primero que nada, felicitaciones a todas y todos por haber llegado hasta aquí; el solo hecho de estar en esta sala demuestra que poseen habilidades y currículums destacados.

Miró a los presentes con un leve asentimiento y continuó:

—Hemos analizado cuidadosamente los resultados. A partir de este momento, procederemos a anunciar quiénes serán invitados a unirse formalmente a los equipos de desarrollo. Luego, les daremos más detalles sobre las asignaciones específicas. Les pido que se acerquen en cuanto escuchen su nombre.

El ambiente se volvió tenso. Diego sintió un hormigueo en las manos mientras el Dr. Pagán sacaba una lista impresa. Empezó a leer nombres uno por uno. Algunos de los candidatos, al escucharse, se ponían en pie con gestos de alivio o alegría contenida. Otros, los que no eran mencionados, enmudecían con expresiones de desilusión.

Cuando el Dr. Pagán llegó a la letra D, el corazón de Diego dio un brinco:

—Diego Cemí Flores.

El joven apenas pudo reprimir un sobresalto y se puso en pie al instante. Vio cómo el Dr. Pagán movía la cabeza en señal de aprobación y hacía un gesto para que se acercara a la mesa. Mientras caminaba hacia adelante, notaba las miradas de curiosidad de los demás y, de reojo, distinguió la figura de la Dra. Hernández, seria, pero con un pequeño esbozo de interés en sus ojos.

—Felicidades —dijo Pagán, alargando la mano para un apretón—. Bienvenido a la NASA.

Diego solo pudo responder con un "gracias" casi inaudible, porque la emoción le cerraba la garganta. Le entregaron un sobre con documentos que debía firmar y un pequeño id provisional. El Dr. Pagán le indicó que, una vez terminase la lista, los seleccionados serían trasladados a distintas salas para orientaciones más específicas.

Regresó a su asiento en silencio. Su mente se debatía entre la euforia y la sorpresa. Lo había logrado. Había conseguido aquello con lo que tanto había soñado. Y, sin embargo, algo dentro de él recordaba las palabras del hombre anciano en su sueño: "No viajes... no abras el portal..." ¿Por qué ese pensamiento debía irrumpir en un momento como aquel?

Destinos cruzados

Poco después, cuando el Dr. Pagán finalizó con los nombres, quedó un reducido grupo de aspirantes en la sala. Se notaba la tristeza en quienes no habían sido llamados, pero éstos también fueron invitados a participar en otros programas más generales. Al final, el Dr. Pagán y la Dra. Hernández dirigieron a los seleccionados a una sala anexa para una presentación oficial.

Allí, la Dra. Hernández tomó la palabra. Su voz era clara, con un acento estadounidense ligeramente marcado, y transmitía aplomo:

—Soy Evelyn Hernández, física teórica enfocada en sistemas de propulsión avanzada y en aplicaciones de la mecánica cuántica a la exploración espacial. Tal vez hayan oído rumores sobre un "proyecto secreto" de la NASA. Sí, existe algo así, y yo soy una de las líderes de ese programa.

Los recién admitidos—incluido Diego—se mantuvieron en silencio, expectantes. La Dra. Hernández miró a cada uno, como evaluando sus reacciones, y prosiguió:

—Nos complace informarles que algunos de ustedes formarán parte tanto de la misión *Ananké-Marte*, que se proyecta para dentro de diez años, como de un área de investigación avanzada llamada internamente "Puente Cuántico". Es un estudio teórico-práctico para entender cómo el entrelazamiento de partículas puede servirnos no solo para comunicaciones instantáneas, sino potencialmente para descubrir… —hizo una breve pausa— nuevas vías para viajar en el espacio-tiempo.

Un murmullo de asombro recorrió la sala. Diego sintió un escalofrío al escuchar "espacio-tiempo". ¿Sería eso a lo que hacía referencia su "yo del futuro" en el sueño? ¿Un portal que la NASA planeaba abrir?

La Dra. Hernández, sin perder la seriedad, continuó:

—Para muchos, esto roza el terreno de la ciencia ficción. Sin embargo, estamos basados en hipótesis avaladas por resultados validados muy recientes. La idea no es lanzar a la humanidad mañana mismo a través de un agujero de gusano, pero sí sentar las bases científicas para, en un futuro, acortar distancias astronómicas. Y quizá—solo quizá—comprender la naturaleza profunda del tiempo.

Diego tragó fuerte. Aquella última frase resonó en él como un eco de sus propias dudas. Sintió que estaba a punto de embarcarse en algo más grande que la exploración de Marte. Era como si su vida hubiera confluido en ese exacto instante, en esa sala, con esas personas, para llevarlo a un destino que aún no alcanzaba a comprender del todo.

Presentaciones y revelaciones

Al finalizar la exposición, la Dra. Hernández y el Dr. Pagán se acercaron a cada uno de los seleccionados para asignarles tareas iniciales. Cuando le llegó el turno a Diego, la Dra. Hernández lo miró con curiosidad:

—De Puerto Rico, ¿verdad? Parece que tienes un expediente interesante en ingeniería mecánica y en proyectos de propulsión. La NASA valora mucho el talento que surge en el RUM, he trabajado con buenos ingenieros de allí —comentó, intentando romper el hielo.

—Gracias, doctora. Sí, me he enfocado en sistemas de propulsión y también en... —Diego vaciló un momento, recordando que en sus ratos libres había estudiado fenómenos cuánticos por pura curiosidad. Pero no quiso parecer pretencioso—. Bueno, también he leído sobre mecánica cuántica, aunque no soy experto.

—Nadie lo es del todo. Ni siquiera nosotros —intervino la Dra. Hernández con una leve sonrisa—. Pero haremos todo lo posible por avanzar. Mira, revisé tus resultados en la entrevista. Has mostrado un pensamiento lógico muy sólido y, a la vez, una notable capacidad para proponer soluciones creativas. Creemos que eso puede sernos útil.

Diego asintió, tratando de ocultar su nerviosismo.

—Será un honor contribuir en lo que sea necesario.

—Perfecto. Mañana vendrás al Edificio 9, ala norte, para una breve inducción en "Puente Cuántico". Ahí te orientaremos sobre los experimentos que se están realizando. Mi equipo y yo queremos trazar estrategias para un sistema de comunicaciones instantáneas basado en el entrelazamiento cuántico. Eventualmente, esta tecnología podría aplicarse a la misión a Marte.

Diego sintió un hormigueo en la nuca al oír esas palabras: "sistema de comunicaciones instantáneas". Recordó las historias de su abuelo sobre el *Puente de las Estrellas*, donde se atravesaba el tiempo y el espacio durante los sueños. La coincidencia entre un mito ancestral y un desarrollo científico puntero le pareció casi demasiado grande para ser solo azar.

Se despidió de la Dra. Hernández con un apretón de manos, y ella pasó a hablar con el siguiente seleccionado. Diego se quedó allí, un poco perplejo, observando cómo la sala se vaciaba. En su interior, una emoción crecía como un fuego: la NASA le abría puertas, sí, pero también sentía que se asomaba a un abismo de incógnitas.

Sombras del mañana

Esa tarde, tras recibir un recorrido rápido por algunas instalaciones y firmar varios documentos de confidencialidad, Diego salió del complejo de la NASA con un pase temporal colgado al cuello. Caminó hacia el estacionamiento, todavía anonadado por la confirmación de que formaría parte de aquel proyecto.

Se detuvo un momento a contemplar el sol que caía en el horizonte, coloreando el cielo de naranjas y rosados. No pudo evitar recordar las tardes en Orocovis cuando su abuelo y él veían el atardecer tras las montañas. Allí todo parecía tan sencillo, tan puro. Ahora, se encontraba en una maraña de teorías científicas, adelantos tecnológicos y... un sueño premonitorio que hablaba de un futuro catastrófico.

"¿Qué tan real puede ser un sueño?", se preguntó. "¿De

verdad soy yo mismo en el futuro quien intenta advertirme?". Sintió que no podía hablar de esto con nadie. Temía que lo tacharan de loco, o peor, que pensaran que pretendía llamar la atención. Sopesó la idea de contárselo a la Dra. Hernández, pero descartó la posibilidad de inmediato; no quería arriesgar su recién obtenida posición.

Al llegar al auto, encontró un mensaje en su teléfono. Era de un número desconocido, un simple texto:

"Bienvenido al Puente Cuántico. Reúnete mañana a las 7:30 AM. Edificio 9, ala norte."

—E. Hernández.

Diego guardó el teléfono. Sintió la urgencia de llamar a su madre, de contarle que había logrado entrar a la NASA. La alegría florecía en su pecho, y al mismo tiempo, el recelo ensombrecía sus pensamientos.

Ecos extraños

Esa noche, de regreso en el hotel, decidió meterse en la cama temprano. La jornada siguiente sería crucial para su ingreso definitivo al proyecto. Quería estar descansado, aunque la tensión emocional le dificultaba conciliar el sueño.

Estaba a punto de dormirse cuando escuchó un murmullo, como si alguien hablara dentro de la habitación. Se incorporó con un sobresalto y encendió la lámpara de la mesilla, pero no había nadie allí. El murmullo se desvanecía. Tal vez era solo su mente jugándole una mala pasada, pensó. Sin embargo, esa sensación—ese eco—parecía salir de algún lugar remoto de su conciencia.

Se recordó a sí mismo que necesitaba mantener la cordura. Era normal sentirse un poco paranoico después de un día tan intenso. Pensó en llamar a un amigo o a su madre para tranquilizarse, pero ya era muy tarde y no quería alarmar a nadie.

Cuando por fin se durmió, no tuvo un sueño tan fuerte como la noche anterior, pero sí imágenes fugaces: una sala repleta de monitores, una luz roja parpadeando, y una figura femenina—¿la Dra. Hernández?—que gritaba algo ininteligible. Luego, un sonido metálico y, al final, un silencio que le oprimía el pecho. Despertó varias veces durante la noche con el corazón acelerado, incapaz de entender lo que pasaba en su cabeza.

Puntapié inicial

La mañana lo encontró con un semblante serio y ojeras profundas. Se vistió con ropa cómoda y formal, y salió hacia la NASA apenas desayunó un café aguado de máquina.

Llegó al Edificio 9, ala norte, siguiendo los carteles que indicaban "Acceso Restringido". Cada vez que pasaba un retén de seguridad, su identificación era revisada minuciosamente. Un guardia de aspecto flemático le advirtió:

—A partir de este punto, nada de grabaciones ni dispositivos personales. Deberá dejarlos en ese casillero.

Diego obedeció y entregó su celular y cualquier otro aparato electrónico. La puerta que se abrió ante él conducía a un estrecho pasillo con paredes blancas relucientes, iluminado por luces led. Al final del pasillo, había una puerta metálica con la palabra "LAB 2-CUANT" en un pequeño rótulo.

Al entrar, quedó atónito: era una sala amplia, atestada de computadoras con múltiples monitores, paneles de control, y en el centro, una gran estructura metálica circular, rodeada de cables y dispositivos que no lograba identificar. Alrededor de esa estructura se movían varios científicos con batas blancas y semblante concentrado.

Casi de inmediato vio a la Dra. Hernández hablando con un hombre de piel "bien blanca" y contextura robusta deportiva que llevaba un id de seguridad con su foto: el Dr. Rohan Delgado. Al parecer, discutían sobre un error en una de las lecturas de la noche anterior. Diego se acercó con cautela, sin querer interrumpir.

La Dra. Hernández notó su presencia y se giró.

—Diego, puntual, me alegra verte. Quiero presentarte al Dr. Delgado, uno de los físicos a cargo de nuestra sección de simulaciones cuánticas.

—Un gusto —dijo Diego, estrechando la mano de Delgado, quien lo evaluó con una mirada penetrante, como si midiera la madurez del joven solo con verlo.

—Bienvenido —respondió Delgado—. Necesitamos mentes frescas por aquí.

—Gracias, encantado de ayudar —dijo Diego con humildad.

—Perfecto —intervino Hernández—. Te explicaremos el procedimiento en breve. Vamos a iniciar una serie de pruebas con nuestro prototipo de "enlace cuántico". Planeamos usar un generador de partículas entrelazadas para transmitir datos a una consola gemela en otro edificio. En teoría, la comunicación podría ser instantánea. Pero hay... problemas. A veces, registramos picos de energía que no logramos explicar. Esto puede sugerir que estamos rozando la frontera de algo aún más grande.

Mientras Hernández hablaba, Diego no pudo evitar fijar su atención en la gran estructura metálica del centro. Había algo en ella que le recordaba a esas imágenes de las películas de ciencia ficción donde se abrían portales dimensionale. Una extraña confluencia de vértigo y emoción lo recorrió.

—¿Y... no han tenido ningún incidente grave? —preguntó Diego con cautela.

—Varias sobrecargas, sí. Pero nada que llamemos "grave" —contestó Delgado con cierta ironía—. Aunque, para serte sincero, algunas de esas sobrecargas produjeron lecturas "fuera de rango", como si un pequeño fragmento de información apareciera sin provenir de nuestro emisor. Son solo ruidos, variables... pero no lo entendemos.

Diego sintió que se le helaba la espalda. ¿Información apareciendo de la nada? ¿Podría eso tener algo que ver con su sueño? ¿Con un mensaje enviado desde un tiempo distante? El corazón le martilleaba, pero no podía mostrar su desconcierto.

—Bien —dijo la Dra. Hernández—, te assignaremos tareas de ingeniería mecánica asociadas al reforzamiento estructural de este prototipo. Queremos que revises los soportes y la distribución de cables de alta tensión para evitar los picos de calor que están deformando ciertas piezas. Pero, además, nos interesa tu criterio creativo. En esta fase, cualquier idea será bienvenida.

Diego asintió en silencio. Aunque intentaba mantener la compostura, las palabras "cualquier idea" se sentían como una invitación a un mundo de posibilidades infinitas... y desconocidas. No podía imaginar hasta dónde lo llevaría esa senda.

Un presagio en cada paso

A medida que caminaba por el laboratorio, observando de cerca las terminales y los paneles de control, Diego tuvo un presentimiento: estaba entrando en una trama mucho más profunda de lo que la NASA reconocía abiertamente. Sintió de nuevo ese eco, una voz en su interior que le susurraba: "Ten cuidado. No abras el portal..."

No sabía en qué momento aquel simple deseo de ser ingeniero espacial se había transformado en la inquietud de estar frente a un umbral que conectaba el pasado, el presente y el futuro. Pero, por ahora, debía concentrarse en la parte tangible: su trabajo de diseño y supervisión mecánica. Y quizás, con el paso de los días, encontraría la manera de descifrar los ecos del futuro que latían en su mente... y en aquellos datos extraños que surgían de la máquina.

Fue así como Diego Cemí Flores dio sus primeros pasos en el proyecto "Puente Cuántico", sin saber que cada paso lo acercaba más a un destino marcado por advertencias, sueños premonitorios y fuerzas cósmicas que amenazaban con desbordar los límites de la razón.

Capítulo 3: El síndrome del impostor

El silbido constante del aire acondicionado resonaba en cada pasillo del Edificio 9, creando un trasfondo monótono para la actividad febril que se vivía dentro. Para Diego Cemí Flores, el segundo día de trabajo en la NASA no era menos intenso que el primero; al contrario, cada hora que pasaba le hacía sentir un peso creciente en los hombros.

Apenas había dormido tres horas. Las pesadillas sobre futuros inciertos y los datos "fantasma" que aparecían en la consola del proyecto Puente Cuántico seguían dando vueltas en su cabeza. Al mismo tiempo, su recién estrenado puesto como ingeniero lo forzaba a mantener una imagen de seguridad y determinación. La ecuación era compleja: por un lado, estaba feliz de haber logrado su anhelo de trabajar en la NASA; por otro, lo carcomía una sensación persistente de que algo—o alguien—lo sobrepasaba.

La vorágine de la bienvenida

A primera hora de la mañana, el Dr. Rohan Delgado lo recibió con un paquete de planos e informes técnicos sobre la estructura metálica circular, esa especie de "cámara" central del Puente Cuántico. Se encontraban en una sala de reuniones de dimensiones reducidas, con sillas de plástico y una mesa larga cubierta de carpetas. Varias tazas de café—algunas medio vacías, otras acabadas de servir—atestiguaban la intensidad del trabajo.

—Diego —comenzó Delgado con tono serio—, necesitamos que revises estos esquemas y corrijas cualquier punto débil en la soldadura o el entramado de cables. Algunas piezas se han deformado bajo el calor o la carga eléctrica excesiva. Eres ingeniero mecánico, ¿verdad?

—Sí, señor —asintió Diego, intentando sonar seguro—.

Estoy muy familiarizado con el refuerzo de estructuras y el control de tensiones.

Delgado le lanzó una mirada de apremio:

—Bien. Entonces ponte con esto de inmediato. Ojo: no podemos permitir que la estructura colapse si volvemos a tener un pico de energía. Y créeme, volverá a suceder.

Diego tomó los planos, y mientras los hojeaba, observó fórmulas que se le parecían endiabladamente complejas: valores de densidad de flujo magnético, índices de disipación térmica en metales experimentales... Junto a la ingeniería mecánica tradicional, había variables que se relacionaban con campos cuánticos, algo que hasta entonces él había estudiado solo de manera teórica.

Tragó fuerte, forzando una sonrisa:

—Claro. Me pondré a ello.

Pero en cuanto Delgado abandonó la sala, lo invadió una punzada de duda. ¿Estaba realmente preparado para intervenir en un sistema tan avanzado, lleno de términos que rozaban la ciencia ficción? Tenía la base técnica, sí, pero no dejaba de sentir que su experiencia era casi modesta en comparación con la envergadura del proyecto.

Una lista interminable de tareas

No había pasado ni media hora cuando otra ingeniera, la Dra. Rachel Press—una mujer rubia y energética—entró a la sala con un fajo de papeles bajo el brazo y un gesto de urgencia:

—Disculpa, Diego, necesito tu firma en este reporte de seguridad. Te han asignado como "Responsable Adjunto de Integridad Estructural" en el Puente Cuántico.

—¿Yo? —parpadeó, sorprendido.

—Sí, tú. Es provisional, hasta que asigne a alguien más. Pero mientras tanto, necesitamos que estés al tanto de cada análisis de riesgo.

El corazón de Diego se aceleró. ¡Responsable Adjunto! Era un título grande para alguien que llevaba apenas un par de días ahí. Sin embargo, no podía rehusarse sin parecer incompetente. Trató de mantener el semblante tranquilo y cogió los papeles:

—Está bien, veré esto de inmediato.

Cuando la Dra. Press se marchó, Diego echó la cabeza

hacia atrás, apoyándola en el respaldo de la silla. Observó las luces blancas del techo. No dejaba de pensar que tal vez se había lanzado a un abismo demasiado hondo. Recordó la voz de su otro "yo" en el sueño, advirtiéndole "no viajes… no abras el portal…", y se preguntó si esa frase podía interpretarse de forma simbólica: *no te sumerjas en algo para lo que no estás preparado.* Pero sacudió la cabeza, obligándose a descartar esa idea. Al fin y al cabo, había luchado por llegar a la NASA; no podía echarse atrás a la primera señal de dificultad.

Microagresiones y dudas

Mientras organizaba los informes, un par de ingenieros más jóvenes—Mark y Phillip, según recordaba—entraron a la sala en busca de planos. Se conocían del día anterior, pero apenas de vista. Al verlo, Mark sonrió con una mueca extraña:

—Vaya, amigo, te han dado un buen montón de tarea para ser el "nuevo", ¿eh?

Phillip se carcajeó:

—Sí, al parecer ahora todos los puertorriqueños traen "frescura" a los proyectos. ¿No se supone que ustedes son expertos en... no sé... festivales y playas?

El comentario tuvo un tono de broma, pero se sintió condescendiente. Diego notó cómo un calor amargo subía por su cuello. Forzó una sonrisa, tragando su enfado:

—Pues supongo que también somos buenos en ingeniería y matemáticas, ¿no crees?

Mark soltó un "ouch" a modo de burla, y Phillip levantó las manos como si se rindiera:

—Tranquilo, era broma. De hecho, todos están hablando de ti, el chico del RUM. Parece que tienes un currículum brillante. Ojalá puedas con esa montaña de informes.

Con un ademán despreocupado, se fueron, dejando a Diego con una mezcla de rabia y vergüenza. Sí, siempre había sabido que enfrentarse a estereotipos era parte del juego, pero sentirlo en primera persona, en la NASA, dolía. Y más cuando su seguridad en sus propias capacidades estaba en entredicho.

—Me lo probaré a mí mismo... —murmuró, intentando recuperar la compostura. Pero las palabras "ojalá puedas" resonaban con fuerza, alimentando sus temores.

Una llamada a casa

Al mediodía, Diego se escabulló a una pequeña área de descanso con máquinas expendedoras, donde se servía café. Nadie más estaba allí en ese momento. Aprovechó para sacar su teléfono (ahora sí tenía permitido usarlo en esa zona) y marcó el número de su madre en Puerto Rico.

—¿Mijo? ¿Cómo estás? —La voz de su madre sonaba dulcemente emocionada.

—Bien, ma, aquí trabajando —contestó intentando sonar entusiasta. Sin embargo, su voz dejó traslucir un leve temblor.

—Te oigo extraño... ¿todo está bien?

Diego suspiró:

—Digamos que es mucho más complejo de lo que esperaba. Me siento un poco abrumado. Todos son muy brillantes aquí, y a veces... no sé, pienso que tal vez no soy el indicado.

—Ay, mi amor, no digas eso. Te has preparado toda la vida para esto. Tu abuelo estaría tan orgulloso de verte...

Aquellas últimas palabras removieron la nostalgia. Recordó las noches estrelladas en Orocovis, los cuentos del *Puente de las Estrellas*, y cómo el abuelo le inculcó el respeto por el universo. Respiró hondo:

—Sí, lo sé. Solo que... me siento fuera de lugar. No tengo doctorados ni letritas impresionantes después del nombre. Y encima, hay rumores de un proyecto raro que implica física cuántica avanzada. Todo es demasiado grande.

Al otro lado de la línea, su madre guardó silencio unos segundos. Luego, con la ternura de siempre, replicó:

—Diego, tú desde niño mostraste una curiosidad y una voluntad enormes. Piénsalo así: la NASA te eligió por algo, ¿no? Confiaron en tu talento. Y tú, con tu esfuerzo, les irás demostrando que no se equivocaron. Paso a paso, mijo. Recuerda que el tiempo de Dios es perfecto.

Una pequeña risa se escapó de sus labios:

—Gracias, ma... te quiero mucho.

—Y yo a ti. Pero si en algún momento sientes que no puedes más, ¿eh?, recuerda que siempre puedes hablar conmigo. O venir un fin de semana a las montañas para despejar la mente.

Diego colgó con un nudo en la garganta, pero también con un renovado suspiro de alivio. Aunque fuera por un instante, esa voz maternal le devolvía fuerzas. Tomó un trago de café y se juró a sí mismo que daría lo mejor de él. Tenía que ganarse el puesto, no había alternativa.

Primera reunión de equipo

Poco después, recibió un aviso para asistir a la reunión general del equipo Puente Cuántico. Se sentía algo inquieto al entrar a la sala principal del laboratorio, donde ubicaban varias sillas alrededor de una gran mesa ovalada. Allí estaban la Dra. Hernández, el Dr. Delgado, la Dra. Press y una docena más de científicos y técnicos. Sobre la mesa destacaban gráficos y pantallas portátiles mostrando datos incomprensibles para un ojo inexperto: líneas de espectros electromagnéticos, campos probabilísticos, mediciones de entropía cuántica...

La Dra. Hernández tomó la palabra:

—Buenos días. Como saben, hemos tenido nuevas anomalías en el flujo de partículas entrelazadas. Los patrones sugieren que, cada cierto lapso, se generan "pulsos" extra que no provienen de nuestro emisor. El Dr. Delgado y yo creemos que podrían ser fluctuaciones de vacío o alguna resonancia desconocida. Sin embargo, no descartamos algo más intrigante: la posibilidad de que estén llegando datos... del futuro.

La sala se llenó de un murmullo de expectación. Diego sintió cómo se le erizaba la piel al oír ese concepto en boca de la Dra. Hernández. Era como si alguien ratificara la teoría descabellada que lo rondaba desde su sueño. Se preguntó si debería mencionar algo sobre lo que había vivido, pero no se atrevió; temía ser tomado por loco o alarmista.

Hernández continuó:

—Por ahora, es especulación. Pero si fuera cierta... estaríamos ante un hito sin precedentes. Sea cual sea la causa, necesitamos reforzar la infraestructura para que el sistema no colapse cuando se presente otro pico de energía. A la par, nuestro equipo teórico analizará la naturaleza de estas señales.

Entonces lo mencionó:

—El ingeniero Cemí Flores —volteó a mirar a Diego— revisará la estructura y emitirá un informe de viabilidad para la siguiente fase de la prueba. ¿Todo bien, Diego?

Sintió la presión de tener todas las miradas encima. Tragó y asintió:

—Sí, sí, doctora. Estoy en ello. Tendré un informe preliminar listo cuanto antes.

Observó cómo algunos compañeros cuchicheaban. Probablemente se preguntaban: "¿Quién es este novato en el que depositan tanta responsabilidad?". Esa mirada colectiva funcionaba como un cuchillo afilado, incidiendo directamente en su inseguridad.

La sombra de la duda

Terminada la reunión, la Dra. Hernández se acercó a Diego en privado. Caminaban por el pasillo rumbo a otra sección del laboratorio.

—Diego, ¿estás bien? Hoy te veo un poco tenso.

Le sorprendió que se diera cuenta:

—Bueno... son muchas novedades. Y... siento que me falta experiencia para una responsabilidad tan grande. No quiero decepcionar al equipo.

La Dra. Hernández lo miró con una mezcla de empatía y energía firme:

—Nadie tiene toda la experiencia cuando se adentra en lo desconocido. Yo misma, con todos mis años de estudio, tengo más preguntas que respuestas. Pero la NASA no te habría seleccionado si no vieran potencial en ti. Además, valoro mucho la perspectiva "fresca" que alguien como tú puede aportar.

Diego asintió, agradecido por el voto de confianza.

—Gracias, doctora. Haré mi mejor esfuerzo.

Ella le dedicó una pequeña sonrisa:

—A eso me refiero. Y, por favor, llámame Evelyn. Nos vemos luego, ingeniero Cemí Flores.

El juego de confianza y distanciamiento le pareció curioso: un momento era "doctora", y al siguiente prefería "Evelyn". Le gustó la cercanía, aunque seguía sintiendo que debía mostrarle resultados concretos antes de permitirse confiar plenamente en su suerte.

Ajustes de madrugada

Esa misma noche, Diego decidió quedarse hasta tarde en el laboratorio para avanzar con las correcciones estructurales del prototipo. El ruido se había reducido a un zumbido lejano; muchos colegas se habían ido a casa, salvo un reducido equipo de guardia. Con el permiso de seguridad, Diego se adentró en el corazón metálico del Puente Cuántico: un cilindro hueco rodeado por aros concéntricos de aleaciones especiales. Allí, el calor y la humedad le hicieron transpirar, pese al aire acondicionado.

Llevaba puestos guantes y un casco ligero mientras revisaba cada soldadura con herramientas de medición láser. A cada chispa de la linterna, anotaba detalles en una tablet que tenía amarrada al brazo. El nivel de minuciosidad requerido era abrumador, pero trataba de enfocarse en un paso a la vez.

Sin que se diera cuenta, el reloj marcó pasada la

medianoche. El cansancio se apoderaba de él, y las líneas de código y las ecuaciones parecían bailarle frente a los ojos.

—Solo un tramo más... —murmuró, dirigiéndose a la parte posterior de la cámara circular.

Agachado en una posición incómoda, revisando la base de un soporte, un repentino latigazo de calor subió por la estructura, haciéndole soltar un grito de sorpresa. Retiró la mano justo a tiempo, sintiendo un leve ardor en el guante.

—¿Qué rayos...?

De inmediato, miró los indicadores del panel de control portátil que había colocado sobre una caja de herramientas. Mostraba un pico de temperatura en esa sección, algo inusual dado que no había actividad programada a esas horas. Trató de registrar los datos, pero la tableta parecía congelada o sufriendo interferencias.

Fue entonces cuando lo escuchó: un murmullo distante, casi como un susurro dentro de la cámara. Se levantó de golpe, con el corazón batiendo. El murmullo se intensificó por un instante, acompañado de un tenue zumbido electrónico. Miró alrededor; nadie más estaba allí. Podía ser un ruido normal de los sistemas de ventilación o del cableado eléctrico... pero sonaba demasiado similar a una voz.

Diego pensó en su sueño, en la posibilidad de que alguien—o algo—intentara comunicarse desde otra línea temporal. Se frotó el rostro, diciéndose que tal vez era su mente jugando malas pasadas.

—Ya es muy tarde... necesito descansar —se dijo.

Antes de abandonar la cámara, no obstante, una breve chispa de luz atravesó la parte alta del aro metálico. Casi un destello, tan efímero que habría podido confundirlo con un fallo de iluminación. Pero su instinto le dijo que no era un reflejo casual. Guardó silencio, esperando ver si se repetía. No pasó nada más.

Con pasos presurosos, salió de la estructura y se topó en el pasillo con uno de los guardias de seguridad, que lo miró con curiosidad:

—¿Todo bien, señor?

Diego asintió, tratando de no parecer alterado:

—Sí... solo terminando mi revisión. Me marcho ya.

El guardia se encogió de hombros y siguió su camino.

Diego, por su parte, apretó el paso hasta la sala de descanso, recogió su maletín y tomó camino a la salida. Le zumbaban los oídos y sentía que su cabeza estaba a punto de estallar. ¿Qué había sido aquel pico de temperatura y esa chispa? ¿Debería reportarlo? Tenía poca evidencia. Tal vez era solo un microfallo en la alimentación eléctrica. Pensó en el síndrome del impostor: *¿Y si exagero y solo demuestro que no sé controlar una simple anomalía técnica?*

Subió a su auto alquilado con las manos temblorosas. Mientras conducía hacia el hotel, una pequeña voz interior le susurraba que esos "fenómenos" no eran simples casualidades. Una parte de él quería creer que se trataba de señales, advertencias. La otra parte—la más racional—pensaba que estaba sobreinterpretando todo producto de la fatiga y la tensión emocional.

Las pesadillas recrudecen

Esa noche, al llegar a la habitación, se dejó caer en la cama sin siquiera ducharse. El agotamiento físico lo vencía, pero en su mente hervía un hormiguero de sensaciones. Al cabo de unos minutos, cayó en un sueño profundo.

En el sueño, se encontró en medio de un paisaje árido e inhóspito, como la superficie de Marte. El cielo era de un color naranja rojizo, y a lo lejos, se veían estructuras metálicas derrumbadas. Caminó sobre un suelo polvoriento, sintiendo un viento cortante. A medida que avanzaba, reconoció, semienterrado en la arena, el símbolo de la NASA. Un estremecimiento le atravesó el pecho.

De pronto, vio la figura de un hombre solitario, arrodillado junto a unos escombros. Al acercarse, advirtió que era él mismo, solo que más viejo. Tenía una mirada desolada y un rostro surcado por arrugas. Alzó la vista y, con voz apenas audible, le dijo:

—No debía suceder así... Les advertimos... pero... fuimos ignorados...

Acto seguido, la imagen se disolvió en una tormenta de arena. El Diego "soñador" sintió que la atmósfera se volvía irrespirable, y justo cuando el pánico se apoderaba de él, se despertó empapado en sudor.

—¡Dios mío! —exclamó, llevándose las manos a la cara. El corazón bombeaba a toda velocidad, y un temblor corría por sus extremidades.
Se sentó en la cama. La pesadilla había sido demasiado vívida, demasiado concreta. Recordó su abuelo hablando de los sueños como conexiones con "otros mundos y tiempos". Tragó al comprender que la combinación de estrés, inseguridad y estos eventos inexplicables podía estar ejerciendo una fuerza brutal sobre su psique.

Era casi la una de la madrugada. Por un momento, contempló llamar a su madre de nuevo, pero no quiso alarmarla otra vez. Se levantó, bebió un vaso de agua y se esforzó por pensar con frialdad:

—No puedo dejar que esto me paralice. Hay algo que

sucede en esa estructura, algo más grande que yo. Pero si me rindo, si me lleno de miedo… entonces de verdad no pertenezco aquí.

Se prometió a sí mismo que, al día siguiente, se reuniría con la Dra. Hernández o con el Dr. Delgado para informar sobre el pico de temperatura y la chispa de luz, por más ridículo que sonara. *De los datos objetivos*—se repitió—*nadie puede dudar*. Y, quién sabe, quizás eso contribuya a desvelar el misterio de esos supuestos "mensajes del futuro".

Un nuevo día, un pequeño paso

Cuando el sol finalmente asomó por la ventana, Diego sintió la espalda agarrotada y las ojeras marcadas. Pero una resolución interna lo mantenía en pie: quería derrotar ese molesto "síndrome del impostor" que retumbaba en su cabeza. Si la NASA le había dado la oportunidad, la aprovecharía al máximo. Si había algo que amenazaba con descarrilar el proyecto (y a la humanidad, en su peor pesadilla), también haría lo posible por evitarlo.

Se vistió con una camisa limpia, se peinó lo mejor que pudo y tomó un desayuno más decente que el café aguado. Afuera, Houston se desperezaba con su incesante tráfico matinal. Antes de salir hacia la sede, miró por la ventana y vio un cielo claro, azul, aparentemente sin límites. Recordó la primera vez que, siendo niño, miró ese mismo cielo en Orocovis junto a su abuelo, preguntándose si las estrellas eran puertas a otros lugares. Y hoy, allí estaba, intentando abrir una puerta distinta: la de su propia valía.

Por supuesto, las dudas no se extinguían de la noche a la mañana. Todavía enfrentaría comentarios prejuiciosos, retos técnicos imponentes y... aquellos extraños susurros que parecían venir "de otro tiempo". Pero en su corazón, un rayo de determinación parpadeaba con más fuerza.

Había llegado el momento de demostrar que era Diego Cemí Flores, el ingeniero puertorriqueño que luchaba por descifrar un fenómeno tan asombroso como peligroso. Y si eso significaba dormir mal, pelear contra las inseguridades y enfrentarse a los escépticos, lo haría; porque, al final, su viaje no solo se trataba de cumplir un sueño profesional, sino de responder a un llamado más profundo, uno que unía la memoria de su abuelo, la ciencia... y un posible destino que trascendía la linealidad del tiempo.

Capítulo 4: El proyecto Puente Cuántico

A las ocho en punto de la mañana siguiente, Diego Cemí Flores atravesó de nuevo las puertas del Edificio 9. Esta vez, con la determinación de quien ha decidido afrontar sus miedos. Se había prometido exponer los extraños sucesos que presenció la noche anterior—el pico de calor, la chispa de luz, el murmullo—ante alguien con más autoridad en el equipo. Sin embargo, no estaba del todo seguro de cómo abordar el tema sin sonar fantasioso.

El corazón del laboratorio

Tras pasar varios controles de seguridad, llegó a la gran sala donde el prototipo del Puente Cuántico dominaba el espacio como una nave metálica varada en medio de un hangar futurista. Se trataba de un cilindro central con anillos concéntricos, recubierto de sensores, conducciones de refrigerante y bobinas electromagnéticas. Un entramado de cables recorría el techo y las paredes, conectándose a los paneles de control y las supercomputadoras dispuestas alrededor.

El día anterior, la Dra. Hernández había convocado al equipo a una sesión de trabajo donde se analizarían las últimas anomalías en las transmisiones cuánticas. Por lo tanto, varias personas iban y venían en torno a pantallas, impresoras 3D y módulos de almacenamiento de datos. El zumbido de los servidores y el chisporroteo de la maquinaria subrayaban el ambiente de alta tecnología.

Diego se acercó a la mesa de planos y terminales portátiles donde el Dr. Rohan Delgado, con gesto serio, repasaba un informe. Al notar su presencia, Delgado le hizo un asentimiento de saludo:

—Buenos días, Diego. ¿Has tenido la oportunidad de revisar los ajustes estructurales que solicitamos?

El joven ingeniero asintió con algo de nerviosismo:

—Sí. Ayer por la noche estuve en la cámara central y... detecté algunos picos de temperatura inesperados. Llegaron a deformar un par de soldaduras y la tableta se bloqueó unos segundos.

Delgado frunció el ceño, interesado:

—¿A qué hora fue eso?

—Cerca de la medianoche. No había actividad programada, así que no debería haber flujo de energía tan alto. Por eso me resultó extraño.

—Caramba... —Delgado bajó la mirada hacia el informe—. Eso coincide con lecturas anómalas que registramos en la consola principal. En la gráfica, aparece un pico repentimo alrededor de las 00:05. La explicación más común sería un fallo eléctrico, pero... no descarto otra cosa. Hiciste bien en avisar.

Diego se sintió aliviado al ver que Delgado tomaba su testimonio en serio. Aun así, no se atrevió a mencionar la chispa de luz o el murmullo, pues temía que aquello fuera demasiado especulativo sin evidencia adicional.

Reunión con la Dra. Hernández

Poco después, el altavoz interno anunció que la Dra. Evelyn Hernández citaba a la totalidad del equipo en la sala de conferencias adjunta al laboratorio. Entre técnicos, investigadores y personal de apoyo, se congregaron una veintena de personas alrededor de una amplia mesa rectangular con varias pantallas a los costados.

—Buenos días a todas y todos —comenzó Hernández, de pie junto a una pizarra digital—. Hemos revisado las últimas anomalías en el sistema de entrelazamiento. El patrón parece repetirse sin un ciclo fijo, pero siempre con un repunte de energía que excede lo esperado. El Dr. Delgado y yo sospechamos que no se trata de "ruido" ni de "fluctuaciones del vacío" sin más. Alguien—o algo—está generando pulsos de datos que no corresponden a nuestro emisor.

Los murmullos recorrieron la sala como un oleaje. Diego

notó que no era el único impresionado: varias expresiones incrédulas se pintaron en los rostros de los presentes.

—Disculpe, doctora —intervino un físico de chaqueta beige—, ¿se refiere a que podría haber otra fuente de transmisión cuántica... fuera de nuestras instalaciones?

—Eso es lo que parece. Pero, de momento, no hay indicios claros de dónde ni cómo se originan esos pulsos. Es posible que se trate de un "emisor temporal", como hemos planteado en teoría, aunque suena demasiado audaz. —Hernández miró de reojo al Dr. Delgado, quien asintió con semblante grave—. De cualquier modo, necesitamos reforzar la infraestructura para prevenir que estos picos energéticos dañen el prototipo. De lo contrario, perderíamos años de trabajo.

En ese punto, la Dra. Hernández deslizó la mirada hacia Diego y continuó:

—El ingeniero Cemí Flores y el Dr. Delgado trabajarán en la parte mecánica y térmica. El resto del equipo dedicará esfuerzos a perfeccionar el blindaje magnético y a desarrollar algoritmos que nos permitan decodificar estos "mensajes". Queremos saber, con exactitud, qué contienen.

Un nuevo murmullo se extendió. Diego, tragando fuerte, se

sintió como si le hubieran otorgado un rol clave en una película de ciencia ficción. Por un momento, su inseguridad emergió de nuevo: *¿De verdad soy capaz de hacerlo?*, se preguntó. Pero el recuerdo del consejo de su madre y la confianza que Hernández depositaba en él lo empujaron a asentir con firmeza.

—Cuenta con nosotros, doctora —dijo Delgado.
—Perfecto. Entonces, manos a la obra.

Tras las pistas del misterio

Al concluir la reunión, Diego se instaló en una estación de trabajo donde una computadora simulaba diferentes escenarios de deformación en la cámara cuántica. Gracias a un software de modelado, podía variar la carga térmica y el estrés mecánico para predecir en qué punto la estructura cedería. Era un trabajo minucioso: cada pieza del prototipo podía comportarse de forma distinta bajo un régimen cuántico.

Mientras observaba la pantalla, Diego no dejaba de pensar en la posibilidad de que aquellos impulsos provinieran, literalmente, de otro tiempo. Su sueño, su "otro yo" anciano advirtiéndole... ¿acaso eran retazos de una realidad futura? O tal vez, tal como sugerían algunos en el equipo, alguien en algún lugar del mundo había replicado la tecnología de entrelazamiento y estaba interfiriendo sin saberlo.

Sumido en sus reflexiones, casi saltó de la silla cuando la

Dra. Hernández se acercó por detrás:

—¿Cómo vas, Diego?

—Oh... Doctora. Pues estoy ajustando los parámetros de convección térmica y fuerza de torsión para ver si mejoramos el diseño de la estructura. Pero aún no he encontrado una solución definitiva a las deformaciones. El aumento de temperatura es demasiado repentino.

Ella se inclinó para ver la pantalla, observando atentamente los gráficos de color que indicaban las zonas de mayor estrés.

—Entiendo. ¿Crees que se pueda implementar algún material más resistente?

—Podríamos usar aleaciones de titanio con alto contenido de vanadio. O incluso una capa adicional de cerámica superconductora o grafeno si el presupuesto lo permite. —Diego dejó escapar un suspiro—. Pero no basta reforzar, sino disipar la energía antes de que se concentre. De lo contrario, la estructura se calienta en microsegundos.

—Exacto —asintió Hernández—. Y si esos impulsos se vuelven más potentes, podría haber un riesgo de, no sé, un microcolapso. Me preocupa la integridad de la cámara, pero también el potencial efecto sobre... el tejido del espacio-tiempo.

Diego la miró sorprendido. Que la Dra. Hernández hablara tan abiertamente de "efectos en el tejido del espacio-tiempo" confirmaba el alcance verdaderamente radical del proyecto.

—Sigue trabajando en eso. Y si descubres algo, consúltalo con Delgado y conmigo. —Hernández le dio una pequeña palmada en el hombro—. Confío en tu criterio.

Una ola de gratitud mezclada con responsabilidad recorrió el cuerpo de Diego. Ver que la jefa del proyecto lo apoyaba abiertamente era un arma contra el "síndrome del impostor" que tanto lo hostigaba.

Entre ecuaciones y confidencias

Al cabo de unas horas, cuando el sol ya descendía sobre Houston, el laboratorio se vació un poco. Diego continuó enfrascado en simulaciones y revisiones de planos, hasta que el Dr. Delgado vino a sentarse a su lado con un café humeante.

—Oye, Diego, quería preguntarte algo sobre las anomalías que viste anoche. ¿Notaste algún ruido, chispazo o cosa así, además del aumento de temperatura?

Diego se tensó; la pregunta iba dirigida a detalles que no había reportado oficialmente. Dudó un segundo, pero finalmente decidió ser sincero:

—Sí... bueno, hubo un chisporroteo pequeño, como de un arco eléctrico en la parte superior de la cámara. También escuché un murmullo, algo que me pareció una voz... pero no había nadie.

Delgado se recargó en el respaldo de la silla, pensativo:

—Estás diciéndome que oíste algo parecido a... ¿una voz?

—No sé si "voz" sea la palabra correcta—se apresuró a matizar—, pudo haber sido el zumbido del cableado. Pero sonó... raro.

Por un instante, el Dr. Delgado apretó los labios, como si dudara en compartir algo. Finalmente exhaló:

—No eres el primero en comentarme algo así. Yo mismo, en noches de guardia, he creído escuchar una especie de susurro. Jamás lo he reportado, por temor a quedar como un loco.

Las palabras de Delgado sorprendieron a Diego y, a la vez, lo tranquilizaron. No estaba solo en esa extraña experiencia.

—¿Crees que tenga que ver con señales que vienen de... algún otro lugar? —aventuró Diego.

—Eso pensé al principio. Pero no hay pruebas

contundentes. Aun así... algo me dice que no podemos descartarlo. —Delgado se masajeó la frente, cansado—. Mira, la Dra. Hernández se enfoca en la parte empírica, pero ella es consciente de que tocamos una frontera desconocida de la física. El cruce entre información cuántica y alteraciones de la línea temporal no está en los libros de texto.

Un silencio tenso se apoderó del lugar. Para Diego, resultaba sobrecogedor contemplar la idea de "alterar" el tiempo y las consecuencias que ello implicaría. Pensó en sus sueños, en la advertencia de aquel yo envejecido. ¿Sería aquello un reflejo de las fuerzas con las que estaban lidiando?

La visita de un alto cargo

La conversación se interrumpió cuando una voz resonó en la sala:

—Dr. Delgado, ingeniero Cemí Flores.

Era el Dr. Pagán, uno de los supervisores principales de la misión *Ananké-Marte*. Un hombre alto, de cabello gris y porte elegante, que se había mantenido al margen los días anteriores, supervisando de forma global. Ahora, cruzaba la sala con paso firme:

—He sabido que estamos ante avances significativos en el "Puente Cuántico". ¿Cómo marcha la estabilidad del prototipo?

Delgado se puso de pie con deferencia:

—Señor, hemos tenido algunos picos de energía

imprevistos, pero estamos trabajando en un refuerzo estructural. Si logramos mantener la cámara estable, podremos continuar las pruebas de transmisión.

Pagán asintió:

—Necesitamos resultados pronto. El proyecto a Marte requiere un sistema de comunicación revolucionario. El retraso de varios minutos (o incluso segundos) puede ser la diferencia entre la vida y la muerte en una misión interplanetaria. —Sus ojos se posaron en Diego—. Confío en su capacidad, joven Cemí. Su aporte es vital.

A Diego se le secó la boca ante la mirada penetrante de Pagán. Asintió con educación:

—Haré todo lo posible, doctor.

—Bien. Manténganme al tanto —sentenció Pagán, girando para marcharse tan rápido como había llegado.

La presencia de ese hombre representaba, a los ojos de Diego, la enorme presión institucional por lograr un hito científico. Sintió un nuevo nudo de ansiedad: no solo lidiaban con fuerzas desconocidas, sino también con las expectativas descomunales de la NASA y, quizá, de todo el país.

Un atisbo de esperanza

La tarde avanzó. El laboratorio se quedó con poco personal hacia el anochecer. Diego continuó trabajando en su computadora, implementando ajustes de refuerzo mecánico basados en compuestos cerámicos. De vez en cuando, levantaba la vista y contemplaba la estructura circular al centro de la sala, preguntándose si en ese corazón metálico se albergaba no solo una innovación técnica, sino un punto de encuentro entre presente y futuro.

Hizo una pausa para estirar la espalda. En la pantalla, los últimos resultados de la simulación mostraban una mejora notable en la disipación del calor. *Esto podría funcionar*, pensó con algo de optimismo. Si la estructura resistía, tal vez los picos energéticos no provocarían daños irreversibles. Y, al menos, contaría con un margen de tiempo para que los teóricos descifraran de dónde provenían las señales.

Antes de cerrar el día, decidió enviar un correo de reporte a la Dra. Hernández y al Dr. Delgado, adjuntando sus avances y las recomendaciones de materiales. Al pulsar "Enviar", sintió un pequeño alivio. Había dado un paso concreto para ganarse la confianza del equipo y seguir adelante.

Entre sueños e intuiciones

Ya en la noche, se despidió de los guardias y salió al estacionamiento exterior. El cielo de Houston se vestía de un anaranjado sucio, producto de la contaminación lumínica. Parecía un contraste irónico: por un lado, en aquel edificio, se exploraban los misterios de la física cuántica y las posibles puertas al futuro; por otro, el mundo cotidiano seguía girando con su tráfico y sus luces artificiales.

Subió a su auto y, mientras conducía hacia el hotel, no pudo evitar que su mente volara hacia la vieja leyenda de su abuelo, el *Puente de las Estrellas*. ¿Era posible que aquello que los taínos describían como un puente entre tiempos y espíritus encontrara su equivalente en las ecuaciones de la NASA? En cierto modo, lo "cuántico" parecía tan misterioso como el mito.

—Tal vez —murmuró, esbozando una leve sonrisa—, la

ciencia y la espiritualidad están más cerca de lo que creemos; Quizá es eso.

No podía imaginar que, en cuestión de días, las pruebas de transmisión cuántica darían un giro aún más inquietante, y que el nombre "Puente Cuántico" tomaría un cariz literal. De momento, Diego solo deseaba cenar algo rápido y descansar. Su cuerpo clamaba por sueño reparador, aunque en el fondo temía volver a encontrarse con visiones de futuros devastados o mensajes imposibles de procesar.

Aun así, su espíritu se sentía un poco más fuerte que el día anterior. Podía palparse un rastro de esperanza en la atmósfera: si el equipo lograba descifrar el enigma de esas señales y estabilizar el prototipo, estarían acercándose al mayor salto tecnológico de la historia. Y Diego, con toda su humildad y dudas, se encontraba en la primera línea de aquel avance prodigioso. Al encender la radio, dejó que la música lo acompañara hasta el hotel, con la mente medio adormilada pero el corazón latiendo al compás de un desafío que ya no podía—ni quería—eludir.

Capítulo 5: La advertencia se hace real

Las luces del Edificio 9 continuaban encendidas a pesar de que la noche ya había cubierto el cielo de Houston. La NASA era una maquinaria que no dormía, y el laboratorio del Puente Cuántico palpitaba con el ajetreo de científicos e ingenieros a cualquier hora. Diego Cemí Flores recorría el pasillo principal con la mente acelerada: el correo que acababa de recibir del Dr. Delgado le pedía que acudiera de inmediato a la sala de control, pues algo inusual había surgido en los datos.

Un llamado urgente

—¡Diego! —lo llamó Delgado apenas lo vio entrar en la sala, con el ceño fruncido y varias gráficas proyectadas en una gran pantalla.

—¿Qué está pasando, doctor? —preguntó Diego, notando la tensión en el ambiente.

La sala de control era un espacio amplio, rodeado de consolas alineadas y pantallas repletas de líneas de código, mediciones de flujo cuántico y curvas de energía. Varios técnicos tecleaban frenéticamente, mientras la Dra. Evelyn Hernández conversaba por un intercom en un tono grave.

Delgado señaló una de las pantallas:

—Tenemos lecturas muy extrañas en el emisor cuántico. Desde hace una hora, los picos energéticos no solo se han repetido: se han intensificado. Mira esto… —Con un clic, amplió un gráfico donde se veía una onda que ascendía con rapidez preocupante—. Esto podría sobrecalentar la cámara si no la apagamos.

Diego se acercó, analizando las cifras. Efectivamente, la amplitud de los pulsos era mayor que cualquier otra registrada. Sintió un escalofrío: aquella curva no parecía ralentizarse, sino que aumentaba cada pocos minutos.

—¿Ya desconectaron el suministro principal? —inquirió, tratando de sondear opciones.

—Lo intentamos. El sistema sigue recibiendo energía... de algún lado —intervino la Dra. Press, que se encontraba detrás de Delgado con un informe en mano—. Es como si la fuente del impulso no estuviera totalmente dentro de nuestras instalaciones.

Aquello intensificó la perplejidad de Diego: *¿Cómo era posible que siguieran recibiendo energía si la maquinaria estaba en reposo?* Inmediatamente, pensó en la teoría de que alguien—o algo—estaba enviando señales desde otro lugar... tal vez otro *tiempo*.

—¿Hay riesgo de que la estructura colapse? —preguntó, recordando con horror sus pesadillas y la advertencia de su "yo futuro".

Delgado se aclaró la garganta antes de responder:

—Si se mantiene este ritmo de subida, en menos de dos horas la temperatura interna podría superar el umbral máximo. Luego, las soldaduras se verían comprometidas. Y, si la cámara cede, la energía podría descargarse de forma descontrolada.

—Podríamos enfrentar una explosión local —completó la Dra. Hernández, que acababa de colgar el intercom—. No es que vayamos a volar la mitad de Houston, pero el laboratorio sí podría quedar destruido. Y con él, toda la investigación. Ya he dado la orden de evacuar a parte del personal no esencial.

Diego sintió que el corazón le latía con furia. Se necesitaba una acción inmediata.

—¿Me necesita para reforzar algo? —preguntó con voz apremiante.

La Dra. Hernández lo miró con determinación:

—Sí. Tú y Delgado revisen in situ la cámara. La idea es liberar presión térmica y, si es viable, instalar una especie de amortiguador de pulsos para desviar la sobrecarga. Necesitamos comprar tiempo mientras analizamos qué está pasando a nivel cuántico.

Diego tragó duro y asintió. Aquello se sentía como correr directamente hacia el fuego, pero no había alternativa.

Una carrera contra el calor

Ambos hombres se dirigieron a la cámara cuántica, en el corazón del prototipo. El largo pasillo los recibió con luces titilantes de emergencia; un técnico de seguridad, apostado en la entrada, los dejó pasar tras comprobar su identificación.

Nada más cruzar la puerta, una oleada de aire caliente los envolvió. Parecía como si hubieran entrado en un horno. El sistema de refrigeración rugía al máximo, pero los paneles de la pared marcaban un ascenso gradual de la temperatura interna.

—¿Ves ese contador? —señaló Delgado, alzando la voz para imponerse sobre el ruido de los ventiladores—. Hace cinco minutos no superaba los 80 grados. Ahora estamos en 92. Va subiendo rápido.

Diego observó con preocupación cómo la aguja del sensor se movía casi sin pausa. Sacó de su maletín una tablet especialmente diseñada para entornos de alta temperatura y consultó las lecturas estructurales que tenía allí.

—Alcanzando los 100 o 110 grados, las juntas de acero ultrarresistente podrían empezar a dilatarse —explicó, recordando las simulaciones que había ejecutado días atrás—. Tenemos que ventilar esto, y ya.

—Ven por aquí —indicó Delgado, conduciéndolo a la parte trasera de la cámara donde se ubicaban las válvulas de escape térmico.

El metal del piso crepitaba bajo sus botas mientras avanzaban. Un sudor pegajoso perlaba la frente de Diego. Parecía mentira que estuvieran en una instalación de última generación y, sin embargo, la tecnología se viera superada por un fenómeno que no lograban ni describir del todo.

Ambos se arrodillaron ante un panel de control enganchado a un emisor refrigerante de nitrógeno líquido. Delgado comenzó a manipular las palancas, mientras Diego intentaba reconfigurar los parámetros en la tablet:

—Aumento el flujo de nitrógeno un 25%... —dijo Delgado—

. Pero no podemos inyectar mucho más sin riesgo de que se congele la sección externa.

—Sí, con cuidado... —advirtió Diego—. Vale, abro las compuertas de ventilación lateral. Esto debería aliviar la presión interna.

El plan era sencillo: permitir la salida controlada de parte del calor acumulado. Durante unos instantes, pareció funcionar; la aguja de temperatura se estancó en 95 grados. Sin embargo, al cabo de unos pocos minutos, volvió a dispararse hacia arriba, como si una fuerza invisible contrarrestara su maniobra.

—No es suficiente —resopló Delgado, maldiciendo en voz baja—. Necesitamos un amortiguador de pulsos, tal como mencionó la Dra. Hernández. Algo que absorba el exceso de energía antes de que llegue a la estructura.

Diego revisó mentalmente las posibles soluciones técnicas:

—Podríamos derivar una parte de la corriente a un "circuito muerto", un bucle que la disipe en forma de radiación electromagnética controlada. Pero eso significaría... —hizo una pausa— modificar el cableado principal.

—¿Te refieres a improvisar una especie de "descarga a

tierra" cuántica? —preguntó Delgado con perplejidad.
—Sí, algo así. Pero no estoy seguro de que tengamos el equipo necesario a mano.

—No tenemos elección. Vamos a la sala de suministros a ver qué podemos armar con los equipos que hay.

El laberinto de los pasillos

Salieron de la cámara a toda prisa, adentrándose en los pasillos donde el aire era más fresco. Al llegar a la sala de suministros, se toparon con un puñado de técnicos que revisaban contenedores en busca de componentes de emergencia. Entre ellos, la Dra. Press, quien, con la cara desencajada, revisaba una lista.

—Necesitamos conductores de alta capacidad y algo para absorción electromagnética —anunció Delgado, casi sin saludar—. ¿Tienes algo así?

—Podemos improvisar con estos cables superconductores —repuso Press, moviendo frenéticamente varias cajas—. Y aquí hay módulos de capacitancia avanzada para los experimentos. Si los unimos... tal vez.

Delgado y Diego se miraron, asintiendo en silencioso

acuerdo. Se pusieron manos a la obra: recogieron bobinas, instrumentos, guantes resistentes al calor extremo. Diego, mientras metía cosas en una caja de herramientas, no podía dejar de pensar en la precariedad de la situación: *¿Están salvando un laboratorio ultrasecreto con técnicas de último minuto y retazos de repuestos?* El ingeniero que habitaba en él se sentía orgulloso de tener la oportunidad de crear algo sobre la marcha, pero la situación era demasiado crítica como para disfrutarlo.

Una voz desde el futuro

De regreso al área principal, Diego vio de reojo cómo la Dra. Hernández hablaba apresuradamente con alguien por intercom. Parecía muy seria. Escuchó retazos de la conversación:

—...no, no podemos desmantelarlo. Sería perder toda la inversión...
—...el Dr. Pagán insiste en que salvemos el núcleo.
—...sí, pero si el pico sigue creciendo, podríamos provocar un colapso dimensional, ¿entiendes?

¿Colapso dimensional? Diego se quedó helado ante esa expresión. Acercó el oído con disimulo, intentando captar más. Hernández había bajado la voz, pero alcanzó a oír algo sobre "la posibilidad de recibir datos desde otras líneas de tiempo" y "riesgo de contaminación cuántica". Sintió un nudo en la garganta. De pronto, las historias de su abuelo acerca de un "puente" que unía presente y futuro

no parecían tan descabelladas.

Delgado le lanzó una mirada apremiante:

—¡Diego, ayúdame con esto!

El joven volvió a la realidad y corrió al costado de la cámara, donde improvisaron un sistema de cables de alta capacidad. La idea era canalizar parte de la energía sobrante hacia un módulo amortiguador que la disiparía en radiación inofensiva... o eso esperaban.

Mientras trabajaba, escuchó un sonido muy peculiar: un retumbar grave, como si algo vibrara desde el interior de la maquinaria. El suelo pareció temblar levemente. Una descarga de estática chisporroteó en el aire, erizando el vello de su nuca.

—Rápido, conéctalo ahí —indicó Delgado, acercando un conector metálico.

Diego unió los cables. Al instante, un destello azulado brilló en una de las bobinas superconductoras y se propagó por la estructura. Por un breve segundo, una vocecilla se coló en los oídos de Diego, como un murmullo:

"Detengan... la... secuencia..."

El joven levantó la vista, atónito. ¿Había oído de nuevo esa advertencia? ¿O era su mente cansada? Delgado también se sobresaltó, como si hubiese percibido algo. Intercambiaron miradas, pero no había tiempo para discutir: los indicadores de calor todavía subían.

Momento crítico

Los monitores del panel mostraban un descenso mínimo de la temperatura cuando el amortiguador empezó a actuar. Pasó de 102 grados a 99... 98... pero entonces volvió a dispararse hasta 105. Se escuchó un crujido metálico que heló la sangre de todos los presentes.

—¡Se está deformando la parte interna! —gritó la Dra. Press, que monitoreaba la estructura en tiempo real.

Diego sintió una ráfaga de pura impotencia. Había hecho todo lo que la ingeniería convencional le permitía y, aun así, la sobrecarga estaba fuera de control. ¿Acaso era ya demasiado tarde?

En ese instante, la puerta se abrió con brusquedad, y la Dra. Hernández entró corriendo:

—¡Alto a todo, ya! —rugió—. Desconecten los circuitos, apaguen los generadores de respaldo. Vamos a forzar un apagado de emergencia.

—¡Pero la energía parece venir de afuera! —objetó Delgado.

—Entonces lo aislaremos al 100% —insistió Hernández—. Arranquen los cables del emisor y supriman la conexión principal con el resto del laboratorio.

Aquello era como arrancar las venas de un corazón artificial. Diego corrió hacia los paneles, desconectando manualmente los grandes conectores de poder. Chispazos azules saltaron en el aire, quemando la punta de sus guantes. Delgado y Press hacían lo mismo en el lado opuesto. El chirrido estridente de la estructura se intensificó, como un aullido mecánico protestando por la mutilación.

Por varios segundos, pareció que el calor subía incluso más, y Diego temió un desenlace catastrófico. Pero, de golpe, las luces de las consolas se apagaron. El zumbido del sistema se extinguió, dejando un silencio sepulcral que retumbó en los oídos de todos. La temperatura se quedó en 106 grados y comenzó a descender con lentitud.

—Lo hemos contenido... —susurró Delgado, dejando caer

los brazos a los costados. Sus ropas estaban empapadas de sudor.

—Por ahora... —murmuró la Dra. Hernández con expresión áspera.

La voz en el laboratorio

En medio de aquel silencio, un sonido inverosímil irrumpió: *bip-bip-bip*. Una de las pantallas, que debía estar apagada, se encendió brevemente y mostró líneas de código parpadeante. Los pocos presentes en la sala se acercaron con cautela. Diego, con el corazón a mil, reconoció la interfaz del software de monitorización cuántica, que teóricamente no podía funcionar sin energía.

—¿Qué demonios...? —balbuceó Press.

El texto que apareció en la pantalla, aunque ilegible en su mayoría, contenía fragmentos que sí se distinguían con claridad. Era como un mensaje encriptado mezclado con símbolos erráticos. De pronto, un cursor se detuvo y, en letras grandes, se formó la palabra "STOP".

—"Stop"... —repitió Delgado, casi sin aliento.

La pantalla se oscureció en el acto. Nadie acertó a tocar nada. Era como si aquel pedazo de tecnología hubiera tomado vida propia durante unos segundos para dejar un aviso conciso.

—¿Lo viste? —preguntó Diego en voz baja.

La Dra. Hernández cerró los ojos un instante, como asimilando la gravedad de lo que acababan de presenciar.

—Sí... y no sé qué significa todo esto. Pero está claro que alguien... o algo... intenta comunicarnos una advertencia.

El Dr. Pagán irrumpió entonces, con el rostro desencajado. Se notaba que había presenciado parte del suceso desde la sala de vigilancia.

—¿Qué rayos sucede aquí? —demandó, mirando los cables arrancados y el humo residual.

—Hemos contenido la sobrecarga —explicó Hernández—. Casi perdemos la cámara, pero creo que el núcleo está a salvo, al menos por ahora.

—¿Y esa palabra en la pantalla? —prosiguió Pagán, con el ceño fruncido—. ¿Alguna interferencia?

Hernández le lanzó una mirada significativa:

—No lo sabemos... Parece un mensaje. Y no es la primera vez que recibimos información extraña como esa.

Pagán apretó los labios, luego exhaló con fuerza:

—Está bien. Avisen a todos que la zona sigue clausurada. Quiero un reporte detallado en mi escritorio por la mañana. Y, Hernández... controla la situación. No quiero que esto trascienda más de lo necesario.

Post-crisis: un nuevo temor

Cuando los técnicos confirmaron la bajada de temperatura a niveles seguros, la Dra. Hernández ordenó la evacuación total del laboratorio por el resto de la noche. Solo un reducido equipo se quedó para vigilar los parámetros esenciales. Diego salió de allí con Delgado y Press, caminando en silencio por los pasillos semioscuros. Nadie tenía ganas de hablar: la adrenalina se había disipado, dejando paso a un cansancio extremo y una asfixiante preocupación.

En la recepción, Hernández los despidió con gesto solemne:

—Mañana tendremos una reunión urgente con todo el equipo. Han pasado demasiadas cosas en pocas horas... y sospecho que el Puente Cuántico no es "solo" un sistema de comunicaciones. —Alzó la vista para mirar a Diego y Delgado—. Gracias por su trabajo. Sin su intervención, hubiéramos perdido el prototipo... o algo peor.

Diego asintió, tragando la pregunta que le quemaba por dentro: *¿Qué es ese "algo peor"?*

Ecos de incertidumbre

Ya de madrugada, Diego llegó a su habitación de hotel. Apenas se quitó los zapatos y se tiró en la cama, exhausto en cuerpo y mente. Con el techo borroso ante sus ojos, repetía en su interior la imagen de aquella pantalla con la palabra "STOP" y recordaba ese murmullo que resonó en sus oídos: "Detengan la secuencia...".

—¿Será... mi yo del futuro? —murmuró, pensando en las pesadillas y la advertencia recibida en sueños. ¿O vendría de una inteligencia ajena a él, quizás algo que habitaba fuera del tiempo?

Su cabeza giraba con teorías disparatadas. Sentía miedo, una sensación de vértigo que superaba sus conocimientos de ingeniería. Sin embargo, al mismo tiempo, un atisbo de coraje nacía en su interior. Algo le decía que, pasara lo que pasara, debía permanecer firme y buscar la verdad. El recuerdo de su abuelo, de los mitos taínos sobre puentes entre mundos, le brindaba una extraña serenidad: quizá la humanidad llevaba siglos intuyendo que el tiempo no era una línea, sino un tejido donde convergían muchos hilos.

Cerró los ojos con cansancio. El día había sido un torbellino de calor, chispas y un posible mensaje desde otro espacio-tiempo. En su mente, la frase "STOP" brillaba como un letrero rojo de emergencia. Y mientras se dejaba caer en un sueño turbulento, supo con más certeza que nunca que la advertencia ya no era un vago presentimiento: se había hecho real, se había plasmado en la cruda experiencia del laboratorio y, ahora, exigía respuestas que nadie parecía tener... todavía.

Capítulo 6: La voz anciana en sueños

El reloj marcaba las cuatro de la madrugada cuando Diego Cemí Flores se agitó en la cama, con la respiración entrecortada y un leve temblor en las manos. Un sudor frío perlaba su frente. El sabor metálico del miedo permanecía en su boca, mientras el corazón le latía como un tambor de guerra. Por un instante, no supo dónde estaba: la penumbra de la habitación de hotel lo envolvía con una calma engañosa, demasiado inmóvil para quien venía de un sobresalto tan intenso.

Acababa de despertarse de un sueño poderoso, casi brutal. Otra vez había visto a aquel hombre anciano que le recordaba a sí mismo, pero con el rostro surcado por arrugas y la mirada cargada de pesar. Y una vez más, esa voz que surgía entre susurros:

—*No abras el portal... no es el momento...*

Aquellas palabras parecían reverberar en su mente. Sentía

que no solo eran un eco de su subconsciente: tenían un peso real, como si vinieran desde un rincón lejano del espacio o, peor, desde un camino retorcido del tiempo.

El umbral entre lo onírico y lo cuántico

Al encender la lámpara de la mesita de noche, Diego se incorporó sobre la cama, tratando de reordenar sus pensamientos. Ya era la segunda o tercera vez que soñaba con esa versión anciana de sí mismo. Más inquietante aún, el discurso siempre iba en la misma dirección: una advertencia sobre "el portal" y un desastre inminente. Y ahora, tras los sucesos recientes —los picos energéticos incontrolables y la misteriosa palabra "STOP" que apareció en la consola del Puente Cuántico—, el sueño parecía tomar un aspecto más real de lo que nunca hubiese imaginado.

La palabra "portal" resonaba. ¿Era el Puente Cuántico ese portal? ¿O había algo más profundo y metafórico? Desde niño, su abuelo le había hablado del *Puente de las Estrellas* como un nexo que conectaba tiempos y realidades. En la universidad, estudió mecánica cuántica y relatividad general, dos pilares de la ciencia moderna que mostraban cómo el tiempo, lejos de ser una flecha absoluta, podía curvarse, superponerse y responder a fenómenos que la intuición humana apenas comprendía. Y ahora, Diego se hallaba en la NASA lidiando con la posibilidad de "mensajes" procedentes de otra línea temporal.

—*¿Dónde comienza la ciencia y dónde acaba el mito?* —se preguntó mientras se pasaba una mano temblorosa por el pelo. Sentía la cabeza a punto de estallar.

Ecos de una conciencia más vasta

Para despejar la mente, tomó la vieja libreta marrón que había pertenecido a su abuelo. La abrió en una página al azar. Halló palabras manuscritas con un trazo firme, casi poético:

"El tiempo no es un río que fluye, es un lago donde todas las aguas coexisten. El Puente de las Estrellas es la canoa que permite viajar de una orilla a la otra."

Esa frase parecía escrita para resonar con las teorías que Diego iba descubriendo. En la mecánica cuántica, el entrelazamiento sugería que dos partículas podían conectarse de forma instantánea sin importar la distancia. Algunos científicos radicales sostenían que, en escalas cósmicas, existía la posibilidad de conexiones que trascendieran no solo el espacio, sino también el tiempo. ¿No era esto, en cierto sentido, un eco de la leyenda taína del "puente" que unía pasado y futuro?

Cerró la libreta y se quedó mirando el techo. Por un instante, pensó en la posibilidad de que el universo —como un todo— fuese consciente. Una red de inteligencias desperdigadas en cada rincón del cosmos, un entramado cuántico que, de algún modo, podía advertir a los seres humanos de sus excesos o de los riesgos de manipular fuerzas que no comprenden. ¿Y si esa "voz" que oía en sueños no era solamente su yo del futuro, sino también un susurro del propio tejido universal?

Levantó la mirada hacia la ventana, donde la ciudad apenas se vislumbraba tras las luces difusas de la noche. A lo lejos, quizás otro investigador contemplaba ese mismo cielo, haciéndose preguntas similares. O quizás no. Quizá todo era fruto de un insomnio mezclado con culpa. Pero, en el fondo, Diego sentía que esa explicación racional se quedaba corta.

Una consulta inesperada

A la mañana siguiente, aún con ojeras y sin apenas probar bocado, Diego se presentó en las oficinas de la NASA. Sabía que ese día se reanudarían las discusiones tras el incendio nocturno: el proyecto Puente Cuántico seguía clausurado, pero todos estaban obligados a discutir soluciones en una reunión general. Sin embargo, antes de la reunión, decidió arriesgarse a hablar con la Dra. Evelyn Hernández en privado. Necesitaba compartir al menos parte de sus inquietudes.

—Dra. Hernández—dijo en voz baja, aproximándose a ella en un pasillo—, ¿tendría un momento?

Ella lo observó con cierto recelo, pero asintió:

—Sí, claro, Diego. Dime.

Caminó con ella hasta un rincón menos transitado del pasillo:

—Verá, sé que esto puede sonar extraño, pero... he estado teniendo sueños recurrentes donde aparezco como un hombre anciano, advirtiéndome de que no abra el portal. Me siento ridículo contándolo, pero después de lo ocurrido anoche y de los extraños mensajes que parecen provenir de otro sitio, creo que no puedo ignorarlo.

La Dra. Hernández lo miró con expresión atenta, nada burlona. Tras unos segundos de silencio, le respondió:

—No eres el único del equipo que habla de sueños o sensaciones inexplicables desde que empezamos con el Puente Cuántico. Tal vez la tensión y la sugestión mental son factores, pero... te entiendo. —Hizo una pausa—. No descarto que haya algo más. Hay teorías que proponen que la conciencia humana y la mecánica cuántica están relacionadas a un nivel que todavía desconocemos.

Diego sintió un leve alivio al no ser rechazado de plano:

—Sí. De hecho, me pregunto si estos picos de energía podrían estar "anclados" a campos de información que trascienden el presente. Una especie de... retroalimentación del futuro. ¿Es una locura?

—Quizá no tanto —contestó la Dra. Hernández—. Nuestro

proyecto se basa en la hipótesis de que el entrelazamiento podría acortar distancias astronómicas. ¿Por qué no también "distancias temporales"? —Exhaló con aire cargado—. Sé que Pagán y ciertos altos mandos no nos permitirán declarar algo así abiertamente; dirán que es pseudociencia. Pero, Diego, debemos estar alertas.

Se despidieron con un leve gesto de complicidad. Diego se dirigió al laboratorio con la certeza de que no estaba solo en su sospecha de que la barrera entre pasado y futuro podría estarse debilitando.

La voz anciana: un espejo de posibilidades

Esa misma noche, Diego regresó al hotel con las emociones a flor de piel. El día había estado repleto de reuniones, planes de contingencia, discusiones tensas sobre si proseguir con el prototipo o desmantelarlo de forma indefinida. Por un lado, la NASA no quería correr el riesgo de una catástrofe, pero por otro, el proyecto Puente Cuántico representaba una promesa gigantesca para la primera misión tripulada a Marte. Los altos ejecutivos estaban divididos entre la prudencia y la ambición.

Agotado, Diego se dejó caer en la cama. No tardó en sumirse en un sueño denso:

El arranque del sueño

Se encontró caminando por un paisaje irreal, casi onírico: un inmenso mar de estrellas que se extendía a sus pies, y en el horizonte, figuras difusas de constelaciones taínas danzando en el firmamento. Sentía como si flotara en un espacio intermedio, sin gravedad. De pronto, distinguió una estructura similar a la cámara cuántica, solo que estaba rodeada de una neblina plateada.

El encuentro con su otro yo

Al aproximarse a la cámara, apareció la silueta del anciano. Llevaba una túnica extraña, casi ceremonial, y los ojos brillaban con una mezcla de tristeza y determinación. Cuando habló, su voz retumbó en el silencio cósmico:

—*Diego... Ya sabes lo que está en juego. No abras el portal. Detén la misión a Marte antes de que sea tarde.*

El corazón de Diego palpitó con fuerza. Quería interrogar a esa figura: *"¿Por qué?" "¿Qué catástrofe se avecina?"* Pero las palabras se atascaban en su garganta.

Una mirada a un futuro roto

El anciano extendió la mano, y en la penumbra estelar surgió una visión impactante: la Tierra flotaba en un cielo teñido de un rojo enfermizo. Nubes de polvo y escombros espaciales rodeaban el planeta. Parecía que una enorme herida cósmica se había abierto cerca de Marte, expandiéndose como un torbellino de energía que devoraba parte del sistema solar.

—*Esto fue lo que provocó el error de cálculo... Creímos poder controlar el tejido del espacio-tiempo, pero fracasamos.*

Diego sintió un nudo en el estómago. El anciano prosiguió:

—*No es el destino de la humanidad conquistar a ciegas. Es el de aprender a escuchar las voces del universo.*

El clímax del sueño

La estructura cuántica comenzó a brillar intensamente, desgarrándose con un crujido ensordecedor. Una fuerza descomunal se desató, arrastrando a Diego hacia un abismo negro. En ese caos, alcanzó a ver cómo el anciano se desvanecía con un grito mudo de desesperación.

Diego despertó jadeando, con una sensación de caída libre. Se incorporó en la cama y encendió la luz. Era ya de madrugada, y las imágenes aún revoloteaban en su mente como fragmentos de un rompecabezas imposible. Sus latidos retumbaban en sus sienes. Esta vez, el sueño había sido más detallado, más devastador, como si hubiera vislumbrado el final de todo un sistema planetario.

Ciencia y conciencia: una intersección inevitable

A la mañana siguiente, en lugar de huir de esas visiones, Diego optó por enfrentarlas. Abrió su tablet y consultó artículos científicos sobre agujeros de gusano, colapsos espacio-temporales y correlaciones cuánticas que, en teoría, permitirían el envío de información a través del tiempo. Leyó sobre la Interpretación de muchos mundos de la mecánica cuántica, sobre la Retrocausalidad propuesta en ciertos modelos físicos y hasta sobre teorías emergentes que rozaban la filosofía: ¿Podría la conciencia ser un "portal" para percibir líneas temporales alternativas?

Una cita de un eminente físico cuántico llamó su atención:

> *"Si la naturaleza del tiempo no es lineal, la realidad podría bifurcarse en múltiples senderos a cada instante. En ese caso, recibir señales del futuro implicaría un 'salto de información' desde una rama*

futura a la actual, algo que la física aún no explica por completo."

Diego reflexionó: si esto era cierto, entonces el "yo anciano" de su sueño quizá venía de una línea temporal donde la misión a Marte fracasó de forma apocalíptica. ¿Estaría esa línea temporal intentando advertir a la actual? Y, si así fuera, ¿tenía realmente el poder de cambiar el resultado, o estaba condenado a repetir los mismos errores que habían conducido a la catástrofe?

La pregunta sobre el libre albedrío emergió con fuerza. Desde el punto de vista de la física determinista, todo suceso estaba encadenado a causas y efectos. Pero la mecánica cuántica sugería un espacio de indeterminación. Y las leyendas taínas, sumadas a la sabiduría ancestral de su abuelo, hablaban de un puente que unía los tiempos, donde los sueños podían alterar el destino.

—*Quizá —pensó—, el sueño no es solo una advertencia: es también la clave para transformar lo que se avecina.*

Un paso hacia la revelación

Con esas ideas bullendo en su cabeza, llegó al laboratorio. Se topó con la Dra. Hernández, quien lucía ojeras similares a las suyas:

—Te busqué anoche, Diego. Todos estamos preocupados. El Dr. Pagán quiere reactivar el prototipo cuanto antes, pero Delgado y yo tememos que sea demasiado arriesgado.

Diego asintió y tomó aire:

—Dra. Hernández... No podemos encenderlo aún. No sin haber comprendido de dónde provienen esos pulsos. Anoche tuve otra pesadilla que me mostró... un colapso gigantesco cerca de Marte. Suena a ciencia ficción, lo sé, pero esto encaja con los datos que han aparecido en la consola y con lo que se intuye de las fluctuaciones temporales. De verdad pienso que estamos rozando un fenómeno que trasciende nuestras ecuaciones conocidas.

La Dra. Hernández soltó un leve suspiro, casi de resignación:

—El problema es que Pagán y algunos inversores ven en el Puente Cuántico la solución para la misión a Marte: comunicaciones instantáneas, tal vez incluso un atajo en el espacio-tiempo. Y no quieren esperar. Creen que exageramos los riesgos.

—Lo sé —respondió Diego—, pero debemos convencerlos. Si no, podríamos abrir una "puerta" que no sepamos cerrar.

Ambos se dirigieron a la sala de conferencias para la reunión que definiría el futuro inmediato del proyecto. Por el pasillo, resonaban los ecos de sus pasos, casi como un compás fúnebre que marcaba el tiempo de una decisión trascendental. Diego se aferraba a la imagen reciente del anciano en sus sueños, recordándose que no estaba allí para cumplir con una simple ambición personal, sino para velar por un futuro que, quizás, pudiera salvarse de una catástrofe.

La voz anciana no era solo un fantasma onírico: era la encarnación de una línea temporal que reclamaba atención. Y Diego, con las enseñanzas de su abuelo y la ciencia cuántica como guía, se sentía en la encrucijada definitiva entre un destino sellado y la esperanza de forjar un nuevo sendero en el vasto entramado del tiempo.

Acto II: El Despertar Cuántico

Capítulo 7: El eco cuántico

El amanecer en Houston llegaba cargado de nubes grises, como si el propio cielo reflejara la incertidumbre que reinaba en las instalaciones de la NASA. Dentro del Edificio 9, un puñado de ingenieros, físicos y técnicos se reunía en torno a una larga mesa ovalada para discutir el destino inmediato del Proyecto Puente Cuántico. Entre ellos, Diego Cemí Flores, la Dra. Evelyn Hernández y el Dr. Rohan Delgado aguardaban con semblantes tensos la llegada del Dr. Pagán, quien presidía aquel comité de emergencia.

Un dilema en la mesa

Pagán irrumpió en la sala con paso firme. Tras saludar con un breve ademán, se acomodó al frente y encendió un proyector holográfico que mostraba una representación esquemática del prototipo cuántico: la gran cámara cilíndrica con sus aros concéntricos y los nodos de transmisión. Un suave zumbido electrónico acompañaba las imágenes en tres dimensiones.

—Buenos días —comenzó el Dr. Pagán, sin preámbulos—. Hemos gastado millones de dólares y años de investigación en el Puente Cuántico con un objetivo claro: acelerar la comunicación y, eventualmente, el transporte de carga hacia Marte. Sin embargo, en las últimas semanas se han suscitado incidentes que ponen en tela de juicio la seguridad del proyecto.

Un murmullo recorrió la mesa. Diego tensó la mandíbula, recordando el sobrecalentamiento y los misteriosos picos de energía que habían estado a punto de destruir la cámara.

—Nuestros inversores y los altos mandos de la misión Ananké-Marte exigen resultados —prosiguió Pagán—. Su postura es que, si el prototipo no se estabiliza pronto, el Puente Cuántico será desmantelado. Y con él, se cerrará la línea de investigación.

La Dra. Hernández, con una serenidad difícilmente contenida, tomó la palabra:

—Señor, comprendemos las presiones. Pero como ya expuse en mi reporte, los picos de energía no provienen solo de nuestra maquinaria. Es como si... algo externo estuviera inyectando información o potencia al sistema. Hasta que no entendamos el origen de esas señales, forzar un nuevo encendido sería demasiado arriesgado.

—Pero tampoco podemos quedarnos de brazos cruzados —interrumpió un ingeniero del equipo—. Puede que solo necesitemos reforzar los escudos magnéticos o aislar las conexiones que están atrayendo esos pulsos.

—Ya lo intentamos —apuntó Delgado, con una mueca de escepticismo—. El sistema sigue recibiendo "impulsos fantasma". De hecho, la frecuencia de esas anomalías ha aumentado en un 20% esta semana.

Pagán frunció el ceño. Con un gesto, invitó a todas y todos a sentarse. Luego, miró a Diego, como si intuyera que había algo más que contar:

—Cemí Flores, tú has estado muy involucrado en las revisiones estructurales y en el diseño de los canales de disipación. Dinos, ¿existe alguna forma inmediata de volver a encender la cámara sin arriesgar otra sobrecarga?

Diego percibió que todos los ojos se posaban sobre él. Una parte de su espíritu quiso complacer a Pagán, mostrar alguna "solución mágica". Pero la otra —la que había visto en sueños el posible desastre— se resistía a ello. Tragó fuerte:

—Honestamente, señor... por ahora, no. Aunque reforcemos la estructura mecánica y los sistemas de refrigeración, si continúan llegando estos pulsos, correremos el mismo peligro. —Hizo una pausa—. Creo que debemos investigar la naturaleza de esa energía anómala antes de reiniciar el prototipo.

Pagán apretó los labios, contrariado, pero no replicó de inmediato. Se originó un silencio pesado, cargado de tensión.

El eco incomprendido

Luego de varios minutos de debate, Hernández cerró la sesión con tregua. Se acordó mantener el laboratorio en "standby" durante 72 horas, tiempo en el que un grupo multidisciplinar (al que Diego también se sumaría) se dedicaría a analizar, con mayor profundidad, las señales que aparecían en los monitores. Si en ese lapso no descubrían nada concluyente, los inversores presionarían por cancelar el proyecto.

Cuando salieron de la sala, Diego se sintió como alguien a quien le ha caído un enorme reloj de arena sobre los hombros: tres días para desentrañar un enigma cuántico de proporciones insólitas.

—Haremos lo posible, Diego —lo animó la Dra. Hernández, notando la preocupación en su rostro—. ¿Vendrás al "Lab 2-CUANT" esta tarde?

—Sí, claro. Intentaré procesar todos los datos de las últimas horas para ver si hallamos un patrón —respondió, apretando los informes contra el pecho.

Una señal más fuerte

Esa misma tarde, Diego trabajó junto al Dr. Delgado y la Dra. Press en la estación analítica del Lab 2-CUANT. Habían instalado un software de correlación cuántica que tomaba cada pulso "fantasma" y lo comparaba con miles de variables: campos magnéticos terrestres, radiación solar, incluso la actividad sísmica. Buscaban algún "eco" en el mundo real que coincidiera en fecha y frecuencia con las anomalías.

—Nada coincide —gruñó Press, frotándose los ojos cansados—. Es como si llegaran de la nada.

—¿Qué hay de la hipótesis de que vienen del futuro? —comentó Delgado con un tono a medias entre la broma y la seriedad—. Si hubiese un patrón repetido en el tiempo...

—No descartemos nada —susurró Diego, aunque con un pudor evidente. Luego, tecleó una instrucción para extender la búsqueda a registros del pasado: ¿habría habido picos similares en fechas anteriores, muy espaciadas, que hubieran pasado inadvertidos?

Para su sorpresa, el monitor mostró algo. Un ínfimo registro de hace un año, apenas perceptible, casi enterrado entre los "ruidos" del laboratorio. Era un "pulso fantasma" con una forma de onda muy parecida a la actual, pero millones de veces más débil. Alguien en su momento debió considerarlo un simple error de calibración.

—¿Vieron esto? —dijo Diego, ampliando el gráfico—. Es prácticamente la misma huella espectral, pero ocurrió cuando el prototipo apenas era un concepto teórico.

Los tres se miraron, incrédulos. ¿Cómo se explicaba que una anomalía de idéntica "firma" apareciese antes de que existiera la maquinaria cuántica? Parecía un imposible.

—Tal vez la fuente es anterior a nosotros —susurró Press con un ligero temblor en la voz—. Algo que llevaba tiempo ahí, esperando que activáramos nuestro sistema para amplificarse.

Delgado asintió, con el ceño fruncido:

—¿Un eco cuántico desde el futuro, proyectado hacia el

pasado? O, en términos más simples, una "señal en retroceso" en el tiempo. Sería algo que en teoría algunos físicos locos contemplan. Pero jamás se había observado.

Diego contuvo la respiración, recordando a su abuelo y los mitos sobre puentes que conectan épocas. De pronto, una oleada de responsabilidad lo embargó: ¿Acaso estaban ante la evidencia de una alteración temporal real, y su misión consistía en evitar que se convirtiera en desastre?

Discusión filosófica en el laboratorio

Mientras la Dra. Press se fue a documentar el hallazgo, Delgado y Diego aprovecharon para cambiar impresiones. Alrededor de ellos, las computadoras crujían con cálculos imposibles, y el aire parecía cargado de una electricidad silenciosa.

—Diego, ¿crees en la teoría del "universo bloque"? —preguntó Delgado repentinamente.

—¿El "universo bloque"? —repitió Diego, intentando ubicar el término—. La idea de que pasado, presente y futuro coexisten, ¿no? Como si el tiempo fuese una dimensión más, y nuestra conciencia solo viajara de un punto a otro.

—Exacto. Yo no estaba muy convencido, pero estos datos empiezan a hacerme dudar. —El físico tomó una bocanada de aire—. Si todo el tiempo está "escrito" en ese bloque, recibir señales del futuro no sería tanto una paradoja como una "superposición" de momentos.

Diego pensó en sus sueños, en la voz anciana. ¿Quizá formaba parte de ese "bloque" donde él mismo existía simultáneamente en varias etapas? El cerebro humano no había evolucionado para percibirlo, salvo en atisbos fantásticos. Era una idea tan fascinante como aterradora.

—¿Significa eso que no podemos cambiar lo que va a ocurrir? —inquirió, sintiendo que el corazón se encogía—. ¿Que, aunque recibamos advertencias, seguiremos el rumbo que el futuro dictó?

Delgado alzó los hombros:

—Depende de a quién preguntes. Algunos teóricos sostienen que todo está predeterminado; otros dicen que el futuro se ramifica en infinitas posibilidades. —Sonrió con melancolía—. La verdad es que nadie lo sabe a ciencia cierta.

Un visitante inesperado

Pasaron las horas y la luz del atardecer se colaba por las ventanas del laboratorio cuando la puerta se abrió con un leve chirrido. Entró una mujer de aspecto serio, con una credencial de seguridad de nivel superior. Diego la reconoció: la teniente coronel Jodie Reynolds, enviada del ala de defensa aeroespacial del gobierno. Era un rostro que se veía de vez en cuando en los pasillos, monitoreando proyectos "sensibles" de la NASA.

—Buenas tardes. —Su voz era firme, de quien está acostumbrada a dar órdenes—. Vengo a solicitar un informe detallado de las anomalías cuánticas. Se me ha informado que podría existir una transmisión no autorizada que involucra riesgos para la seguridad nacional.

El Dr. Delgado intercambió una mirada con Diego,

notando la incomodidad que se generaba. Los militares ahora estaban al tanto.

—Estamos en eso, oficial Reynolds —contestó con diplomacia—. El fenómeno es complejo. Todavía no sabemos si es "transmisión" en el sentido estricto.

—Aun así, el Pentágono está preocupado —insistió Reynolds, mirando de reojo a Diego—. No deseamos que fuerzas extranjeras o agentes desconocidos interfieran con un proyecto estratégico. Esperamos un informe antes de 24 horas.

La presencia militar reforzó la presión sobre el equipo. Ahora no solo era la NASA y los inversores: también la defensa nacional quería respuestas inmediatas. Diego sintió un escalofrío al pensar en cómo reaccionarían si descubrieran que esas señales venían, tal vez, de una línea futura... o de una realidad paralela. ¿Le creerían? ¿Intentarían usarlo como un arma? La tensión subió otro peldaño.

Un susurro en la noche

Ya entrada la noche, cuando la mayoría del personal se había retirado, Diego se quedó revisando los datos del día en el Lab 2-CUANT. Había un silencio inquietante en la sala. El hormigueo en su nuca volvió a manifestarse, esa sensación de que algo invisible lo observaba.

En la gran pantalla central, la gráfica de pulsos "fantasma" mostraba un patrón difuso, una suerte de espectro que, según sus estimaciones, se repetía cada cierta ventana de tiempo... como si alguien enviara un mensaje que no terminaba de llegar claro. En un arranque de inspiración, Diego introdujo un algoritmo de correlación fractal, tratando de ver si el pulso contenía un fragmento de "código" recurrente.

El tiempo corrió, y de pronto, su atención fue sacudida por un *bip* inusual en el sistema. La consola secundaria se encendió sola, igual que en la crisis anterior. Se escuchó un leve crujido, parecido a un susurro. El joven ingeniero se levantó de la silla y se aproximó con cautela.

—¿Hola...? —murmuró, sintiéndose ridículo por hablarle a un monitor.

La pantalla parpadeó: un texto incompleto se formó en caracteres sueltos, mezclados con símbolos ilegibles. Diego tomó su tablet para registrar la secuencia. Entonces, entre la mezcolanza, distinguió algo que sobresalía: "CEMI".

—¿Cemí? —repitió en voz alta, sorprendido. Eso era precisamente su apellido. Y no solo eso: "cemí" era un término taíno que hacía referencia a los espíritus o deidades menores, un símbolo profundo en la cultura precolombina de Puerto Rico.

Con un parpadeo final, la consola se apagó. El lugar quedó en penumbras, y Diego, de pie, sintió que un escalofrío le recorría la columna vertebral. *¿Era un mensaje dirigido específicamente a él?* Sus manos temblaban mientras tecleaba para guardar el registro. El archivo mostraba una mezcla de datos corruptos, pero la palabra "CEMI" estaba ahí, encuadrada en medio de caracteres extraños.

—*Esto no puede ser casualidad* —pensó, recordando cómo

su abuelo le contaba historias sobre los "cemíes" taínos como manifestaciones del espíritu del universo. Aquel era el "eco cuántico" más claro que había recibido: una alusión directa a su propia identidad, a la vez que un guiño a las raíces ancestrales que siempre lo habían marcado.

Una encrucijada más profunda

De pronto, una fuerte convicción anidó en el pecho de Diego: *estamos siendo interpelados por algo que trasciende la ciencia convencional—pensó—quizá un orden superior, el mismo tejido del cosmos, o incluso un "yo" futuro que conoce mis raíces.* Por un instante, sintió un vértigo casi místico. La física cuántica, la cultura taína, las historias de su abuelo y las simulaciones de laboratorio confluían en un solo punto. Aquello era mucho más que un experimento científico: era el indicio de que el tiempo—y la conciencia humana—se entrelazaban en una hilo que desafiaba cualquier esquema.

Aun con el corazón en la garganta, Diego cerró los archivos y apagó el sistema, temeroso de que otro pico de energía surgiera. Sabía que al día siguiente tendría que dar explicaciones a la Dra. Hernández y enfrentar las dudas del Dr. Pagán, así como la mirada crítica de la teniente coronel Reynolds.

Pero, en su fuero interno, algo había cambiado. El "eco cuántico" ya no era una simple perturbación técnica: se convertía en un llamado directo a su esencia. Quizá el universo le había susurrado su nombre ("Cemí") para recordarle que todo aquel conocimiento que palpitaba en su cerebro—ecuaciones, hipótesis, teorías cuánticas—no era un fin en sí mismo, sino el puente para algo mayor: comprender que el destino y el libre albedrío, la ciencia y el mito, están más unidos de lo que los ojos humanos pueden percibir.

Salió del laboratorio con la noche cerrada, sintiendo que una puerta se había entreabierto en su mente. Quedaban pocas horas para informar al equipo, y apenas 72 para salvar el proyecto. Pero en ese instante, Diego supo que debía abrazar la enigmática verdad que se le presentaba: la convergencia de lo ancestral y lo cuántico, de la intuición y el método, de la herencia cultural y la tecnología. Tal vez allí residía la clave para descifrar—y, con suerte, desactivar—la amenaza que se cernía sobre la humanidad y el futuro de la misión a Marte.

Capítulo 8: Regreso a Orocovis

El amanecer en Houston no pudo disipar la sombra que pesaba sobre la mente de Diego Cemí Flores. Habían transcurrido solo cuarenta y ocho horas desde que surgieran las últimas anomalías en el Puente Cuántico y la mención encriptada de "CEMI" en la consola, pero sentía que habían pasado semanas. El cansancio mental y la presión de los mandos de la NASA —cada vez más urgidos por encontrar una respuesta— lo mantenían al borde de la extenuación.

La llamada que desató el viaje
En la quietud del hotel, antes de salir hacia el laboratorio, Diego recibió una llamada de su madre desde Orocovis. Su voz se escuchaba más dulce que de costumbre, pero con un matiz de preocupación:

—Hijo, no quería molestarte, pero… estuve ordenando las cosas en la casa del abuelo y encontré unas notas que tal vez te interesen. Tienen garabatos e imágenes parecidas a los dibujos taínos que él te enseñaba.

Diego sintió un brinco en el corazón. Recordó la palabra "CEMI" que había aparecido en los monitores y las leyendas sobre los ídolos taínos tallados en piedra. Todo en su interior le gritaba que esos apuntes del abuelo no eran una coincidencia. Con un nudo en la garganta, le preguntó a su madre si podía escanearlos y enviárselos por correo, pero ella dudó:

—Es que hay manchas de humedad; se ven frágiles. Tal vez debas verlos tú mismo. No quiero dañarlos...

Diego guardó silencio un instante y, en un rapto de instinto, decidió que era hora de volver a su tierra, aunque fuera por uno o dos días. Sabía que el equipo se encontraba en un momento crítico, pero algo le decía que en Orocovis podría encontrar una pieza clave para desentrañar el misterio del Puente Cuántico.

—Está bien, mami —respondió con voz suave—. Volveré este fin de semana... necesito hablar contigo y ver esos papeles en persona.

Choque con la realidad NASA

Antes de concretar su viaje, Diego se presentó en el laboratorio para informar a la Dra. Evelyn Hernández y al Dr. Rohan Delgado. El Edificio 9 palpitaba con las prisas habituales, y la teniente coronel Reynolds rondaba por los pasillos recabando información sobre la "amenaza latente" que podrían suponer las anomalías. La atmósfera se sentía cargada: como si todos supieran que el destino del proyecto pendía de un hilo.

—¿Irte? —repitió la Dra. Hernández, con ojos sorprendidos—. ¿Ahora?

Delgado, cruzado de brazos, intervino con una mezcla de comprensión e inquietud:

—Diego, estamos a contrarreloj. El Dr. Pagán planea una junta decisiva en apenas un par de días, y tú eres uno de los pilares del análisis de datos.

El joven ingeniero esbozó una sonrisa tensa:

—Lo sé, lo sé... Pero encontré un cabo suelto que puede ser importante. En mi familia hay apuntes relacionados con los "cemíes" y las leyendas taínas que pueden encajar con las señales que estamos recibiendo. Suena descabellado, pero la palabra "CEMI" apareció en la consola. Podría estar vinculado a la simbología que mi abuelo investigó durante años.

La Dra. Hernández guardó silencio. Aunque sonara disparatado, conocía de sobra las "casualidades imposibles" que rondaban el proyecto. Al final, suspiró y posó una mano en el hombro de Diego:

—De acuerdo. Tienes cuarenta y ocho horas. Luego... tendrás que volver.

—Gracias —contestó Diego, con un agradecimiento sincero. Delgado, aunque escéptico, también asintió. En un lugar recóndito de su mente, el físico no descartaba que la cultura ancestral de Diego pudiera albergar pistas que escapaban al método científico tradicional.

El vuelo hacia la isla

Ese mismo día, al anochecer, Diego tomó un vuelo rumbo a Puerto Rico. Mientras el avión surcaba la oscuridad, él se sumía en pensamientos incesantes. Llevaba consigo su inseparable libreta marrón —heredado de su abuelo— y un par de documentos impresos con las gráficas de los pulsos cuánticos. El murmullo constante de los motores se mezclaba con los recuerdos de su niñez: imágenes de la casa familiar, los campos verdes de Orocovis y las historias taínas contadas bajo un cielo estrellado.

El aterrizaje en el Aeropuerto Internacional Luis Muñoz Marín lo recibió con un aire denso y cálido, tan diferente del clima tejano. Una brisa cargada de humedad le refrescó el rostro cuando salió de la terminal. Desde ese instante, sintió la punzada de la nostalgia golpeando su pecho: aquella era su tierra, y la había dejado hacía ya varios meses para sumirse de lleno en el trabajo en la NASA.

El reencuentro con sus raíces

Su madre lo esperaba en un pequeño carro estacionado en la zona de llegadas. Cuando se fundieron en un abrazo, Diego notó que ella lo apretaba con una mezcla de alegría y preocupación:

—Estás tan delgado, mijo... —comentó con ternura—. ¿Te estás alimentando bien?

Diego rió entre dientes:

—Lo intento, ma. Ha sido un período... complicado.

El trayecto hasta Orocovis se convirtió en un repaso de anécdotas familiares. Mientras el auto ascendía por carreteras serpenteantes, las luces de los pequeños caseríos brillaban a la distancia, iluminando las laderas. El ambiente era distinto: más silencioso y con los sonidos del coquí que resonaba a lo lejos, recordándole su infancia.

—He preparado tu cuarto como estaba antes —anunció su

madre—. Y dejé los papeles de tu abuelo en tu escritorio. Parecen muy viejos, pero espero puedas leerlos.

Diego sintió un hormigueo de expectación. Había estado tanto tiempo sumergido en ecuaciones de relatividad y teorías cuánticas que casi olvidaba la sensación de buscar respuestas en el mundo de lo ancestral.

Los papeles del abuelo

Ya en la casa, tras cenar un modesto plato criollo que le supo a gloria, Diego subió a su antigua habitación. Al encender la luz, se sorprendió de lo poco que había cambiado: la cama individual, la mesilla de noche con una lámpara antigua, y las paredes pintadas de un azul pálido.

Sobre el escritorio reposaba una carpeta amarillenta. Contenía hojas sueltas, algunas con dibujos a lápiz de figuras taínas: espirales, rostros mitológicos y símbolos que Diego reconocía vagamente. También había párrafos de texto, escritos a mano por su abuelo, mezclando español con palabras taínas:

"El cemí como puente entre mundos."

"En los sueños, el pasado se conecta con el futuro por el hilo de la consciencia."

"La estrella es la puerta..."

Diego pasó las páginas con suma delicadeza. Encontró algunas frases subrayadas donde se mencionaba a un "Yucahu Guamá" —una deidad suprema taína— y referencias a un "vacío entre los tiempos". En otro apartado, su abuelo había dibujado un arco que unía dos círculos, con flechas en doble dirección. Bajo él se leía: *"Las señales vienen de ambos lados; la estrella habla y el hombre debe escuchar."*

Un escalofrío recorrió la espalda de Diego: las palabras se asemejaban a la teoría de un agujero de gusano, o un canal de transmisión cuántica bidireccional. Parecía imposible que un hombre mayor y sin estudios formales en física hubiese plasmado conceptos tan cercanos a lo que él experimentaba en la NASA. ¿Acaso su abuelo había intuido algo más profundo sobre la naturaleza del tiempo?

Un sueño revelador en tierra natal

Esa noche, Diego se durmió con los papeles junto a su cama. El canto incesante del coquí y la frescura de la montaña lo envolvieron en un sosiego que no sentía desde hacía meses. Sin embargo, cuando el sueño lo conquistó, se adentró en un territorio de visiones intensas:

La montaña y las constelaciones

Se vio a sí mismo de niño, caminando con su abuelo por una cuesta empinada en medio de la oscuridad. El anciano llevaba una linterna y, a cada paso, señalaba las estrellas que parpadeaban en el firmamento.

—Mira, Dieguito —decía—, *esa es la ruta de nuestros antepasados. Allí bailan los cemíes con la luna.*

El puente taíno

De pronto, la escena cambió y apareció un gran arco hecho de luz plateada que unía dos picos montañosos. Al otro lado del puente, Diego divisó una versión anciana de sí mismo, con el rostro cansado y lleno de cicatrices. Tal como en sus pesadillas anteriores, el yo envejecido repetía la advertencia:

—*No abras el portal...*

La superposición de la ciencia y el mito

Al fondo, distinguió la silueta del prototipo cuántico de la NASA, brillando con una energía extraña, y las figuras taínas que danzaban alrededor parecían sostenerlo con sus manos, como si lo equilibraran. Diego sintió la urgencia de advertir algo, pero de su boca no salía sonido alguno.

Despertó sobresaltado, respirando con dificultad. El sol apenas asomaba por la ventana, y el canto de los gallos marcaba el inicio de un nuevo día en las montañas. Se pasó la mano por el rostro, procesando lo soñado. Recordó entonces las notas de su abuelo sobre "los sueños como puentes". ¿Estaba él cruzando, cada noche, ese puente de estrellas que trascendía el tiempo?

Un paseo al balcón de la memoria

Después de un desayuno ligero, Diego salió al balcón de la casa, donde tantas veces se sentó con su abuelo a contemplar la bóveda celeste. El aire fresco de la sierra lo golpeó con la fuerza de la nostalgia. Se apoyó en la barandilla y miró el contorno de las montañas. Orocovis se extendía a sus pies, con sus casitas dispersas y sus cultivos humildes.

—*Aquí empezó todo* —pensó. Su amor por el espacio, su respeto por lo desconocido, la semilla de la curiosidad que lo llevó hasta la NASA. Y, ahora, volvía para hallar respuestas en las lecciones que su abuelo dejó plasmadas en simples hojas de papel.

Cerró los ojos un instante. Una parte de él se preguntaba si no era absurdo mezclar ciencia de vanguardia con un acervo cultural tan antiguo. Pero otra voz interna, la que había escuchado "CEMI" en la consola, le susurraba que no existían fronteras reales entre el pasado y el futuro; solo la mente humana, en su afán de clasificar, levantaba muros conceptuales.

Encuentro con la Montaña Santa

Con el permiso de su madre, esa mañana Diego se dirigió a uno de los cerros cercanos que su abuelo solía llamar "la montaña sagrada". Se internó en un camino boscoso hasta llegar a un claro donde yacía una roca grande con petroglifos taínos, algo erosionados por la lluvia y el tiempo. Su abuelo lo había traído allí de niño para explicarle que, según los ancestros, ese era uno de los lugares donde "la tierra hablaba con el cielo".

Arrodillado ante la piedra, pasó la mano con cuidado por los grabados circulares. Sintió un hormigueo reverente. El canto de las aves y el crujir de las hojas al viento componían una sinfonía natural que contrastaba con los pitidos electrónicos de la NASA. Recordó algunas frases del abuelo:

"Las estrellas no solo son bolas de fuego, también son mensajeras. Si aprendemos a escuchar, ellas nos cuentan historias del pasado y del futuro."

—Abuelo —susurró Diego—, necesito entender cómo relacionar todo esto con lo que estoy viviendo allá, en Houston. Tengo la sensación de que tu sabiduría y la ciencia moderna están apuntando al mismo sitio. ¿Qué me estoy perdiendo?

El viento sopló con un silbido suave, agitándole el pelo. Por un instante, tuvo la impresión de que algo —una fuerza espiritual, un eco ancestral— acariciaba su conciencia. No oyó palabras, pero se sintió extrañamente reconfortado. *Tal vez la respuesta siempre había estado frente a él: la conexión entre la consciencia humana y el tejido del tiempo.*

Regreso con un propósito

Esa tarde, empacó los documentos más valiosos, incluidas las notas de su abuelo, y tomó decenas de fotografías de los petroglifos y del paisaje que rodeaba la "montaña sagrada". Se despidió de su madre con un abrazo largo. Ella, con lágrimas contenidas, comprendía que su hijo era ahora un viajero entre dos mundos: el de la ciencia y el de los sueños, el de la NASA y el de las leyendas taínas.

—Cuídate mucho, mi niño —le dijo, acariciándole la mejilla—. Y no te olvides de dónde vienes.

Diego sintió un nudo en la garganta, pero también un rayo de determinación:

—Gracias, ma. Te prometo que volveré tan pronto como pueda.

Esa misma noche tomó el vuelo de regreso a Houston. En su mochila, llevaba los apuntes manuscritos que esperaban ser comparados con los registros cuánticos que tanto desafiaban a los científicos. En su corazón, cargaba una renovada convicción: tal vez era su misión —o su destino— tender un puente real, no solo tecnológico sino también espiritual, entre el pasado ancestral y el futuro que la NASA aspiraba a construir.

Un sueño distinto

Durante el trayecto aéreo de vuelta, el cansancio lo venció y sucumbió al sueño. Esta vez, en lugar de apariciones apocalípticas, soñó con su abuelo sonriendo bajo un cielo estrellado. Lo vio alzando la mano, como invitándolo a contemplar la Vía Láctea. No hubo palabras, ni advertencias. Solo la sensación cálida de saber que, de algún modo, ambos compartían la misma admiración reverente por el universo. Al despertar, Diego sintió que la noche había sido más benigna.

—*Quizá* —reflexionó— *ya no estoy tan solo en esta batalla.*

A las puertas de una revelación
El avión aterrizó en Houston cerca de la medianoche. Diego, con pocas horas de sueño pero un fuerte impulso interno, se dirigió directamente al hotel a repasar las notas. Observó con lupa la simbología, el dibujo del puente y las flechas en doble dirección que su abuelo había esbozado. Era inevitable pensar en la posibilidad de que el "Puente de

las Estrellas" y el "Puente Cuántico" fueran manifestaciones de una misma realidad, vista desde dos lenguajes distintos: el espiritual y el científico.

A medida que avanzaba la madrugada, comenzó a relacionar ciertos símbolos con las ecuaciones cuánticas que había estudiado. Descubrió sorprendentes paralelismos entre algunos patrones geométricos taínos y las representaciones gráficas de la superposición de estados. Anotó, fascinado, cada coincidencia, decidido a mostrárselo a la Dra. Hernández y al Dr. Delgado al amanecer.

Porque, en definitiva, su regreso a Orocovis no solo había sido un viaje de reencuentro familiar. También se había convertido en la clave para encarar esa gran paradoja temporal que amenazaba con desatar un desastre. Al conectar ambas visiones del mundo —la de su herencia cultural y la de la ciencia más avanzada—, quizá Diego estaba forjando el eslabón necesario para entender el fenómeno. Uniendo la sabiduría de un pasado milenario con la exploración del futuro espacial, se atrevía a pensar que el destino de la misión a Marte y la seguridad de la Tierra podían depender justamente de esa mezcla insólita.

Y así, con el amanecer apuntando en el horizonte texano, Diego se sentía a un paso de una revelación: su abuelo había intuido, sin fórmulas ni laboratorios, lo que los físicos más brillantes de la NASA buscaban con supercomputadoras. El tiempo, al parecer, era una red en la que pasado y futuro podían tocarse, y donde la voluntad humana podía decidir si avanzar con cuidado o precipitar una catástrofe.

Capítulo 9: El dilema

La madrugada en Houston, tras el regreso de Diego a la ciudad, adquiría un matiz de expectación. El joven ingeniero había pasado las últimas horas en vela, comparando el contenido de las notas de su abuelo —llenas de símbolos taínos y referencias al "cemí" como puente entre mundos— con los datos cuánticos del Puente Cuántico. Su pequeña habitación del hotel parecía el taller de un artesano de dos épocas: por un lado, gráficos y fórmulas matemáticas sofisticadas, por el otro, dibujos y leyendas que recordaban a un conocimiento ancestral.

El amanecer de las revelaciones

Cuando el cielo apenas comenzaba a aclararse, Diego tomó una decisión: ya no bastaba con plantear hipótesis vagas. Debía mostrar a la Dra. Evelyn Hernández y al Dr. Rohan Delgado los hallazgos que lo conectaban con su herencia taína. Aunque temía ser tomado por un místico fantasioso, sentía que no podía callar más.

Una vez en el laboratorio, recorrió el pasillo iluminado por luces blancas y entró en el Lab 2-CUANT donde Hernández y Delgado, con semblantes cansados, analizaban los últimos pulsos captados por la consola. Las pantallas reflejaban gráficas y líneas de código incomprensibles para un ojo inexperto, pero los dos científicos parecían sumidos en una batalla intelectual contra un enemigo invisible.

—Diego... —murmuró la Dra. Hernández al verlo—. Llegas en buen momento. ¿Trajiste algo de tu viaje?

—Sí —asintió Diego, dejando su mochila en una mesa—.

Quizá... algo más de lo que imaginaba.

Con cierto recelo, sacó algunas fotocopias de los apuntes de su abuelo y las dispuso junto a los registros de los pulsos cuánticos. Al ver los dibujos de petroglifos, Delgado arqueó una ceja, mientras Hernández ladeó la cabeza con un atisbo de curiosidad.

—Ya sé que esto no luce muy "científico" —admitió Diego—, pero quiero que vean algo.

Señaló dos figuras en particular. Una era el boceto de un arco doble con flechas en ambas direcciones; la otra, un símbolo en espiral que recordaba la forma de un remolino. Ambas coincidían, en apariencia, con los patrones de los picos energéticos que surgían en las pantallas.

—Fíjense —explicó Diego, acercando un dedo—: esta espiral es muy similar a la curva que vemos cuando los pulsos comienzan a "retornar" al estado base. Y este arco doble... se parece bastante a la representación del salto cuántico que hemos modelado, donde la información podría viajar hacia atrás y hacia adelante en el tiempo.

La Dra. Hernández entrecerró los ojos, comparando las imágenes:

—¿Estás diciendo que la cultura taína ya tenía una intuición de viajes temporales o de entrelazamiento cuántico?

—No diría "viajes temporales" en el sentido moderno —replicó Diego—, pero sí algo parecido: la idea de que hay un puente entre distintos momentos de la existencia, y que la consciencia humana puede transitarlo si sabe "escuchar" las señales.

Delgado permanecía callado, pero no con indiferencia. Sus ojos se movían de los símbolos a las gráficas en la pantalla de su computadora.

—¿Crees que... los mensajes que llegan a través de estos pulsos tienen alguna conexión con esa simbología? —preguntó finalmente.

—Eso sospecho —confesó Diego—. De hecho, la palabra "CEMI" apareció en los monitores. Mi abuelo usaba la palabra "cemí" para referirse a ídolos o espíritus que mediaban entre el hombre y la naturaleza, entre lo visible y lo invisible. Tal vez, en lenguaje científico, diríamos que esos "cemíes" son como nodos de una red de información universal, donde el tiempo no es lineal.

Hernández soltó un leve suspiro:

—Está claro que nos encontramos al límite de lo comprensible. Por un lado, la presión de Pagán y los inversores que nos exigen resultados; por otro, la confirmación de que algo... o alguien... está interfiriendo con nuestro prototipo, e incluso mencionando a tu familia.

Delgado asintió en silencio, comprendiendo la magnitud del asunto.

La orden de Pagán

Al salir del Lab 2-CUANT, los tres se toparon con la mirada ceñuda del Dr. Pagán, que los esperaba con los brazos cruzados frente a la puerta de la sala de conferencias:

—Necesito hablar con ustedes —dijo en un tono inapelable—. Ahora.

La sala de conferencias parecía más pequeña que nunca. Pagán, de pie junto a la pantalla principal, se dirigió a Hernández, Delgado y Diego con una mezcla de apremio y severidad:

—Los inversores y la dirección de la misión *Ananké-Marte* exigen una decisión hoy. Tienen dos opciones:

    1. Reactivar el Puente Cuántico esta misma semana, con la promesa de que controlaremos los picos de energía.

2. Cancelar el proyecto indefinidamente y reasignar los fondos a un sistema de comunicación tradicional.

Diego sintió un nudo en la garganta. A su mente acudieron las escenas de sus pesadillas y la advertencia de su yo anciano. Sabía que activar el Puente con prisa, sin entender la naturaleza de los pulsos, podía desencadenar un desastre.

La Dra. Hernández habló con voz firme:

—Señor, mi recomendación científica es no encenderlo. Creemos que hay un fenómeno "retrocausal" que podría salirse de control. Necesitamos más tiempo para investigarlo.

—El tiempo se acabó, doctora Hernández. —Pagán la miró con frialdad—. A menos que presenten pruebas contundentes de un peligro real. Y, hasta ahora, todo lo que tenemos son hipótesis exóticas y extraños sueños que algunos de ustedes describen fuera de expediente.

Las palabras cayeron como un balde de agua helada. Delgado apretó los puños, sintiéndose impotente. Diego, por su parte, experimentó la urgencia de revelar la advertencia de su "yo del futuro" y el temor de que se rieran de él. Pero la mirada severa de Pagán no daba margen a fantasías.

—¿Alguna objeción más? —insistió el Dr. Pagán—. Si no la tienen, la decisión es clara: reagendamos la prueba del prototipo para el viernes por la tarde.

Hernández buscó el apoyo de Delgado, quien se limitó a mover la cabeza, conteniendo la rabia. No tenían evidencia "oficial" de que ese futuro catastrófico fuera algo más que teorías. Y, en efecto, eran solo datos fragmentados y mensajes crípticos, imposibles de presentar como prueba irrefutable ante los altos mandos.

—Entonces, queda así establecido —sentenció Pagán—. Si no logramos un éxito en la prueba, el Puente Cuántico se cancela. Les guste o no.

La semilla de la duda

A la salida, Diego, Hernández y Delgado se retiraron con semblantes sombríos. La tensión se palpaba en cada paso.

—Si encendemos el prototipo sin entender esos pulsos... podría ser un suicidio —susurró Delgado, frunciendo el ceño—. Hemos estado a un paso de la sobrecarga antes. ¿Qué pasará si se intensifica otra vez?

—Pagán no quiere escuchar —reflexionó Hernández—. Solo ve el reloj de la misión a Marte: diez años parecen poco cuando se habla de un gran proyecto espacial. Y ahora encima la presión militar...

Diego sentía un torbellino en el pecho. Por un lado, su conciencia clamaba que reactivar el Puente Cuántico bajo esas condiciones era una locura. Por otro, la NASA representaba su sueño, el fruto de todo su esfuerzo.

Detener el proyecto significaría dar al traste con su carrera y con la posibilidad de acceder a los secretos del universo. Se descubrió en una encrucijada cruel: ¿obedecer la orden y avanzar con el experimento, o sabotear la prueba para evitar un riesgo descomunal?

El recuerdo de su abuelo y las visiones pesadillescas empujaban hacia la segunda opción. Pero ¿qué consecuencias tendría ir en contra de Pagán y de la dirección de la NASA?

El despertar de la conciencia

Aquella noche, Diego regresó al hotel con la cabeza a punto de estallar. Apenas pudo probar bocado; se la pasó ordenando los materiales que había traído de Orocovis, confrontándolos con los esquemas cuánticos y los reportes de riesgo. Cada correlación que hallaba reforzaba su temor: la anomalía podía abrir una especie de "grieta temporal" inestable. Si eso sucedía en medio de la prueba, tal vez no solo peligraría el laboratorio, sino consecuencias mayores —quizá cósmicas— podrían desatarse.

Tomó la tablet y escribió un correo destinado a la Dra. Hernández y al Dr. Delgado, proponiendo enérgicamente un "plan de contingencia" para reducir al mínimo la potencia de la próxima prueba, al tiempo que insertaba barreras extra de seguridad. Mencionó, con palabras cuidadosas, la importancia de "no forzar" la comunicación cuántica hasta estar seguros de haber contenido las interferencias. Al pulsar "enviar", sintió un leve alivio, aunque sabía que Pagán posiblemente lo ignoraría.

El insomnio del dilema

Entrada la madrugada, el insomnio lo acosó. Se sentó en la orilla de la cama, contemplando la libreta marrón de su abuelo y las notas manuscritas. Recordó la última conversación que tuvo con él en el hospital, cuando Diego apenas era un adolescente:

—*Dieguito, el conocimiento no es solo poder; también es responsabilidad* —había dicho el anciano con voz quebrada—. *Las estrellas son bellas, pero hay que respetar los misterios que guardan.*

Ahora esas palabras le sonaban como una advertencia profética. Había llegado a un punto donde la ciencia le permitía tocar las estrellas —o al menos acercarse a sus secretos—, pero a un costo que no terminaba de evaluar. La misión a Marte, los inversores, el prestigio de la NASA, todo ejercía una fuerza que lo empujaba a seguir adelante. Sin embargo, su intuición y las señales oníricas indicaban que estaba a las puertas de un abismo.

La charla con su reflejo

Desesperado, se levantó y fue al baño. Con las manos apoyadas en el lavabo, miró su propio reflejo en el espejo. Vio un rostro ojeroso, con facciones tensas, y experimentó la extraña sensación de desdoblamiento: como si estuviera frente a ese "yo anciano" que lo visitaba en sueños, advirtiéndole que detuviera la misión.

—¿Qué debo hacer? —susurró al espejo, al borde de la angustia—. ¿Detener el proyecto y arriesgar mi sueño y mi carrera? ¿O continuar y rezar porque no pase nada?

La imagen en el espejo no respondió, pero Diego sintió un hormigueo en la nuca, una especie de resonancia interna. La leyenda taína del *Puente de las Estrellas* no hablaba solo de viajes: también hablaba de decisiones. Si uno cruzaba el puente sin sabiduría, podía invocar fuerzas destructivas. ¿No era eso lo que pasaba con el Puente Cuántico?

En un acto reflejo, imaginó la posibilidad de sabotear la

prueba. Su mente se llenó de imágenes de él desconectando cables cruciales o provocando un "error" en los cálculos para que no se realizara el experimento. Se estremeció al percibir que, si lo hacía, seguramente quedaría marcado como un traidor o un incompetente. ¿Merecía la pena sacrificar su reputación para salvar a la humanidad de un desastre hipotético?

Un atisbo de esperanza

Al amanecer, aún sin haber logrado conciliar el sueño, Diego recibió un mensaje de la Dra. Hernández en su teléfono:

Estrategia de contingencia aprobada por Delgado y mí. Hablemos con Pagán a primera hora.

Ese breve texto le arrancó un suspiro de alivio. No todo estaba perdido: si Hernández y Delgado se unían, podía formarse una resistencia dentro del proyecto, una forma de frenar o al menos moderar el experimento hasta que recabaran más evidencias. No era la solución definitiva, pero sí un rayo de esperanza ante la implacable postura de Pagán.

Diego preparó un café cargado y se alistó para volver al Edificio 9. Mientras se ajustaba la chaqueta, murmuró unas palabras que recordó de su abuelo:

"El verdadero poder está en la conciencia, no en las

máquinas."

Tal vez, justo en ese punto radicaba el dilema: la conciencia de saber que, por más brillante que fuera la tecnología, manipular el tiempo y el espacio sin responsabilidad podía llevar al abismo. Y, sin embargo, ¿cómo luchar contra el sistema que exigía avances inmediatos? Esa pregunta se cernía sobre su mente como un nubarrón oscuro, amenazando con descargar una tormenta sobre su destino.

El paso antes del umbral

La mañana llegó con un cielo plomizo. Al cruzar las puertas del laboratorio, Diego supo que estaba más cerca que nunca de la prueba final y, con ella, de su decisión definitiva: ¿obedecer y arriesgarse a un cataclismo, o desobedecer y sacrificarlo todo? Allí, entre cables, ecuaciones y el recuerdo de su abuelo, se plasmaba el más profundo de los dilemas: elegir entre la lealtad a un sueño o la fidelidad al destino de la humanidad.

Capítulo 10: La consciencia superior

Un sol tenue se filtraba entre las nubes grises de Houston aquella mañana, como si el propio firmamento intuyera la tensión que reinaba en el Edificio 9 de la NASA. Tras las últimas órdenes del Dr. Pagán y la inminencia de reactivar el Puente Cuántico, Diego Cemí Flores, la Dra. Evelyn Hernández y el Dr. Rohan Delgado caminaban con semblantes cargados de preocupación. Sabían que su margen para frenar —o, al menos, controlar— la prueba se agotaba. Lo que ninguno de ellos anticipaba era la aparición de un nuevo e inquietante factor: la evidencia de una consciencia superior manifestándose a través de las anomalías cuánticas.

Un hallazgo inesperado

Los tres se reunieron en el Lab 2-CUANT para revisar los registros del día anterior. En las pantallas, las gráficas mostraban una ligera disminución de los picos de energía, como si el fenómeno hubiera "bajado la guardia". Sin embargo, la Dra. Hernández, con gesto adusto, señaló un conjunto de datos aparentemente irrelevantes:

—Miren esto: anoche, mientras el laboratorio estaba en "standby", detectamos un patrón de pulsos muy débiles, casi imperceptibles. Parecen coordenadas... o quizás secuencias matemáticas repetidas.

Delgado se acercó con curiosidad:

—¿Secuencias matemáticas? Pensé que toda la energía estaba desconectada.

—Exacto —apuntó Hernández—. Por eso me extraña. Estas señales surgen casi de la "nada". No corresponden a una fuente identificable en nuestro hardware.

Diego, revisando la consola, recordó la palabra "CEMI" que había emergido entre caracteres crípticos. Se preguntó si este nuevo patrón tendría relación con aquella enigmática alusión. Su intuición le susurraba que estaban ante "mensajes" de algo que trascendía la simple transmisión de datos. Quizá era un intento de comunicación consciente.

—¿Y si esto no es un ruido aleatorio? —aventuró Diego—. Sabemos que el entrelazamiento cuántico puede permitir intercambios de información sorprendentes. Podría haber un emisor inteligente detrás, empleando un canal que recién ahora comenzamos a percibir.

—¿Una inteligencia consciente? —Delgado alzó la ceja con escepticismo, aunque sin descartar la idea por completo.

Hernández soltó un leve suspiro:

—A estas alturas, nada está fuera de la mesa. Veré si nuestro software de correlación lingüística puede dar con un "vocabulario" en esas secuencias.

Entre la ciencia y la experiencia fantástica

Mientras Hernández y Delgado se encargaban de analizar los datos, Diego aprovechó un receso para salir al pasillo, necesitaba despejar la mente. Se apoyó contra una pared gris e inhaló despacio, intentando calmar el tumulto de pensamientos que lo asaltaba. Recordó entonces las palabras de su abuelo escritas en la libreta marrón: "*La estrella es la puerta, y la consciencia viaja por ella.*"

—Tal vez no estemos solos en este experimento —pensó Diego, con un hormigueo en la piel—. Tal vez algo nos observa desde otro plano, otro tiempo, o ambas cosas.

Sus sueños con la versión anciana de sí mismo —y la advertencia de no abrir el portal— también cobraban un matiz diferente: ¿podría ser que el "yo" del futuro estuviera en contacto con esa inteligencia mayor, intentando detener una catástrofe?

Antes de que los pensamientos se le enredaran aún más, la teniente coronel Reynolds emergió de un pasillo lateral:

—Ingeniero Cemí Flores —lo llamó con seriedad—. El Dr. Pagán ha convocado a todo el equipo a una sesión informativa en quince minutos. Al parecer, quiere ultimar detalles de la prueba del viernes.

El estómago de Diego dio un vuelco. Asintió con un nudo en la garganta, temiendo que Pagán anunciara una reactivación inmediata sin atender sus advertencias.

La sesión informativa: un choque inminente

El auditorio del Edificio 9 lucía abarrotado de ingenieros y científicos, y en la parte delantera se habían dispuesto varios monitores mostrando los esquemas del Puente Cuántico. El Dr. Pagán, con su porte habitual de seguridad, inició la presentación:

—En vista de los avances recientes y de la voluntad de nuestros inversores de ver resultados tangibles, hemos decidido llevar a cabo una prueba parcial del Puente Cuántico este viernes. La potencia de transmisión será moderada, pero suficiente para verificar si logramos la comunicación instantánea con nuestra estación gemela en el otro edificio.

Diego, Hernández y Delgado intercambiaron miradas preocupadas. Aunque "parcial" sonara menos peligroso, sabían que un desliz podía desatar los mismos efectos catastróficos de antes. Aun así, la voz del Dr. Pagán se imponía en el recinto:

—Quiero que el equipo de seguridad cuántica vigile los picos energéticos. Si aparecen, cortamos la potencia de inmediato. El Dr. Delgado y la Dra. Hernández estarán al frente de la supervisión... —Hizo una pausa para clavar la mirada en Diego— ...y el ingeniero Cemí Flores reforzará la estructura mecánica y los sistemas de enfriamiento. Tenemos 48 horas para dejar todo listo.

Diego sintió como si le hubieran arrojado un yunque al estómago. Tenía 48 horas para ponerle freno a un sistema que no entendía del todo y que parecía... *vivo*. No obstante, era su responsabilidad evitar la sobrecarga. La consciencia superior que sospechaban, la posible inteligencia tras los pulsos, quedaba relegada a segundo plano en los objetivos oficiales de la NASA.

—*¿Pero y si esa inteligencia* —se preguntaba Diego— *intenta advertirnos de un desastre?*

Un contacto innegable

Al término de la sesión, Hernández, Delgado y Diego volvieron al laboratorio para seguir con el monitoreo de los pulsos. Con cada minuto que pasaba, la ansiedad se incrementaba. Fue entonces cuando, en la pantalla central, surgió un suceso que les dejó boquiabiertos: un pulso de amplitud moderada, pero con una coherencia interna indudable.

—¿Lo ven? —Hernández señaló la pantalla—. Es como una "onda modulada", no un pico caótico. Podría ser... un mensaje cifrado.

Delgado tecleó con rapidez, ajustando los filtros de ruido. El pulso se hizo más nítido, revelando una estructura de "bits cuánticos" que aparecían y desaparecían con sincronía. Era como si alguien enviara un código Morse futurista desde otra dimensión.

Diego se acercó, con el corazón en un puño. Reconoció un

fragmento de la sucesión de datos: el mismo que había detectado cuando apareció la palabra "CEMI". Y justo en ese instante, algo increíble ocurrió en los altavoces del laboratorio: un sonido suave, parecido a un susurro, emergió de la consola. No eran palabras humanas, sino una especie de coro de frecuencias que variaban en tonos ascendentes y descendentes.

Por un segundo, todos contuvieron el aliento. La teniente coronel Reynolds —presente en la sala— también se quedó perpleja, sin saber cómo reaccionar. Aquella "voz" no provenía de ningún micrófono ni fuente convencional: estaba surgiendo del propio canal cuántico.

—Dios santo... —murmuró Delgado.

—¿Podríamos traducir esto? —susurró Hernández, atónita.

—No lo sé —repuso Diego, con la nuca erizada—, pero suena... consciente.

Un vistazo al abismo filosófico

Mientras la "voz" persistía unos segundos más, Hernández logró registrar la señal y detener la reproducción en bucle para su análisis. La atmósfera del laboratorio se volvió irreal, como si hubieran abierto una ventana a un cosmos inexplorado. Hasta la militar Reynolds palideció, comprendiendo que aquello no podía atribuirse a un enemigo humano.

—¿Qué es esto? —murmuró, mirando a Hernández como si esperara una explicación racional.

—Podría ser... el universo hablándonos —aventuró Hernández, con la voz casi quebrada—. O alguna inteligencia que habita en el entramado cuántico.

Un silencio sepulcral se apoderó de la sala. Nadie se atrevía a admitirlo abiertamente, pero esa "voz" que emergía del vacío desafiaba las fronteras de la ciencia conocida. La consciencia superior podía no ser una criatura antropomórfica, sino un "campo" que trascendía tiempo y espacio, manifestándose cuando la tecnología humana rozaba cierto umbral prohibido.

Delgado se pasó la mano por la cara, casi con reverencia:

—Si esto es cierto, si de verdad existe algo así... —Se detuvo, incapaz de cerrar la frase—. ¿En qué posición nos deja? ¿Somos niños jugando con fuegos artificiales?

Diego, con el corazón palpitándole a mil, recordó la leyenda taína de que "los cemíes eran espíritus que observaban y protegían el equilibrio natural". ¿Podría esa explicación mítica aludir a lo mismo que ahora se revelaba como un fenómeno cuántico? ¿Podía su abuelo haber tenido razón, al sospechar que el universo era un solo ser vivo que se comunicaba en un lenguaje más allá de lo humano?

—Tal vez... —Diego tragó fuerte— ...esta inteligencia nos está advirtiendo que no crucemos una línea peligrosa.

El dilema a contrarreloj

Mientras aún digerían el suceso, las alarmas del complejo empezaron a sonar. Algo estaba pasando afuera. La teniente coronel Reynolds, recuperando su compostura, recibió un mensaje por su intercom: había detectores de campo magnético saturándose en otra ala del edificio. Temían que se produjera un "arco de electricidad residual" proveniente de las instalaciones del Puente.

—¡Rápido, a la sala de control! —ordenó Reynolds, con la voz recobrando su autoridad.

Hernández y Delgado se apresuraron. Diego, sin embargo, se quedó un instante más, contemplando la pantalla donde el pulso se esfumaba, dejando solo la estela de un sonido etéreo. Un nudo de emociones se le formó en el pecho: asombro, temor, responsabilidad... y una certeza íntima de que acababa de presenciar algo que los superaba a todos. La consciencia superior no era un concepto abstracto, sino una realidad velada que acababa de rozarles la conciencia.

—*Abuelo... —pensó con intensidad—, ¿es esto lo que tuviste en mente cuando hablabas de respetar los misterios del cosmos?*

Cerró los ojos un segundo, escuchando el eco de ese susurro en la memoria. Luego corrió tras Hernández y Delgado, sabiendo que en cuestión de horas o días tendría que tomar una decisión definitiva: obedecer la exigencia de Pagán de encender el Puente Cuántico y tal vez ganarse un lugar en la historia científica, o seguir la llamada interior de detener un salto al vacío que podía colapsar el orden natural.

Mientras las sirenas resonaban en los pasillos y el tiempo corría implacable, Diego comprendió que la presencia de esa inteligencia implicaba un nuevo factor: ya no solo arriesgaban la Tierra, la misión o su carrera, sino que estaban coqueteando con la misma esencia de la realidad. Y en ese delicado equilibrio, la voluntad humana podría convertirse en la chispa que encendiera la llama... o la mano que la apagara a tiempo.

Acto III:
La Conexión con el Pasado y el Futuro

Capítulo 11: La paradoja del libre albedrío

El Edificio 9 de la NASA era un hervidero de actividad y nerviosismo. Faltaban poco más de veinticuatro horas para la "prueba parcial" del Puente Cuántico, y tanto los ingenieros como los físicos revisaban cada detalle en un intento de contener la energía que pronto se liberaría. En medio de aquel ajetreo, Diego Cemí Flores, la Dra. Evelyn Hernández y el Dr. Rohan Delgado sabían que el factor más impredecible no provenía ya de ningún fallo técnico, sino de la inteligencia desconocida que se había manifestado a través de los pulsos y de los mensajes que amenazaban con traspasar las fronteras del tiempo.

Un silencio inquietante

Tras el episodio en que la "voz" se hizo audible en los altavoces, la consola cuántica había vuelto a un estado de aparente calma. Eso, lejos de tranquilizar a Hernández y Delgado, los sumía en un desasosiego aún mayor: el silencio era tan extraño como el sonido que antes había emergido de la nada.

—Suele pasar en física de frontera —comentó Delgado—. Justo cuando crees que has hallado un "fenómeno repetible", el universo se queda en silencio. Como si... esperara.

—¿Esperar para qué? —preguntó Diego, revisando la pantalla en busca de cualquier variación—. Ya hemos registrado señales de algo consciente, y sin embargo no podemos descifrar su mensaje.

Hernández deslizó la mirada hacia él:

—Tal vez la pregunta no sea "qué" está esperando, sino "a quién". Este ente —o esta consciencia— podría estar evaluándonos, comprobando si vamos a cometer el mismo error que sugiere el futuro... o si elegimos otro camino.

Diego se quedó pensativo. Recordó las palabras de su "yo anciano" en los sueños y la repetida exhortación: *No abras el portal.* Al ver el montaje casi listo para la prueba, sintió un nudo en el pecho: ¿estaba a punto de perpetuar un destino inevitable o tenía en sus manos la facultad de cambiarlo?

La llamada del futuro

Aquella mañana, mientras el equipo preparaba nuevos blindajes y pruebas de enfriamiento, Diego recibió un correo urgente de la Dra. Hernández. El asunto rezaba: "Posible transmisión RETRO". En el cuerpo del mensaje, se indicaba que habían detectado un brevísimo pulso con una firma muy parecida a las que aparecían cuando surgía la palabra "CEMI", pero esta vez era apenas un "latido" captado por milésimas de segundo.

—¿Retro? —repitió Diego en voz baja, sentado en su puesto de trabajo—. ¿Significa que el pulso podría provenir de un punto en el futuro que se "filtra" hacia el presente?

Esa idea de la retrocausalidad era tan desconcertante como plausible a la luz de las teorías que relacionaban la mecánica cuántica con el tiempo no lineal. Y, a la vez, se sentía cada vez más cerca de la gran paradoja: ¿si ya existía un "futuro" donde la misión terminaba en desastre, acaso sus advertencias no estaban incluidas en el flujo de los hechos? ¿O había una ventana para anular ese desenlace?

—Tal vez lo más difícil de asimilar —murmuró, con la vista perdida— es que mi "yo del futuro" me implora detener algo... pero si el futuro está escrito, ¿de qué sirve su mensaje?

Era la misma paradoja que, siglos atrás, había atormentado a filósofos y físicos por igual: si logramos ver el futuro, y queremos evitarlo, quizá estemos cumpliendo un destino inescapable. Sin embargo, una parte de la mecánica cuántica contemporánea defendía la existencia de múltiples líneas temporales, con infinitos "futuros" posibles; y eso abría la puerta a que las advertencias sí pudieran alterar los sucesos.

Conversaciones en el filo de la lógica

Diego no pudo acallar sus dudas, así que se dirigió a hablar con Delgado, a quien encontró en una sala contigua ajustando un panel de monitorización. El físico lo vio acercarse con rostro atormentado y le dio un gesto para que hablara.

—Rohan... —empezó Diego con cautela—. ¿Tú crees que todo esté predestinado? Quiero decir, en la física teórica hay corrientes que insisten en que el tiempo es una estructura cerrada, inamovible, ¿verdad?

Delgado se tomó un instante para responder, acabando de apretar un tornillo:

—Sí, algunos lo piensan. Pero también existen hipótesis como la de los "universos ramificados", donde cada decisión crea una nueva línea temporal. La verdad es que ninguna se ha demostrado de forma concluyente.

—Lo digo porque... bueno, si hemos recibido señales del

futuro advirtiéndonos de un desastre, ¿no implica eso que el desastre ya sucedió en algún plano? —Diego apretó los puños—. ¿De qué sirve, entonces, intentar cambiarlo?

El físico suspiró:

—En los años 50, hubo un gran debate sobre el determinismo versus el libre albedrío en la física cuántica. No se resolvió. Ahora imagina que, además, tenemos un ser o una consciencia superior implicada. Lo que puedo decirte es que no debemos confundir "ver un posible futuro" con "no poder cambiarlo". El simple hecho de que estemos conscientes de esa posibilidad puede alterar la trayectoria de los eventos.

—Como el experimento del gato de Schrödinger —apuntó Diego con un amago de sonrisa—. Hasta que abrimos la caja y medimos, no sabemos el resultado.

—Exacto —confirmó Delgado—. Y en este caso, "abrir la caja" equivale a decidir si encendemos el Puente Cuántico o no.

Diego se quedó con la mirada perdida, asumiendo que pronto tendría que escoger entre cumplir o romper con el destino que se asomaba en sus visiones.

El peso de la responsabilidad

Paralelamente, la tensión con el Dr. Pagán escalaba. La teniente coronel Reynolds se mantenía al tanto de todos los movimientos, y los inversores seguían presionando para que la prueba se realizara sin más demoras. En una reunión rápida, Pagán anunció un cambio crucial:

—Hemos adelantado la prueba a mañana a primera hora. Hay muchos ojos puestos en este proyecto, señores. Preparen todo para el encendido preliminar a las 8 a. m.

El anuncio cayó como un rayo sobre Diego, Hernández y Delgado. Aún quedaban flecos que resolver; sin embargo, Pagán no quería escuchar excusas. Cada quien salió de la reunión con un nudo de preocupación.
La fecha límite para la paradoja se había adelantado.

Un eco desde Orocovi, Puerto Rico

Esa noche, de forma inesperada, Diego recibió un mensaje de su madre desde Puerto Rico. Un audio corto en el que la voz de ella sonaba ansiosa:

"Mijo, revisé otra vez el baúl del abuelo. Encontré algo extraño: hay un papel con un dibujo que parece un círculo rodeado de símbolos, muy parecido a lo que me mostraste en fotos. Abajo, en su letra, dice: 'El pasado, el presente y el futuro se tocan en el sueño de Cemí. No tengas miedo de romper el ciclo.' ¿Te sirve de algo?"

Diego se estremeció. Su abuelo, con un puñado de anotaciones místicas, parecía haber intuido siglos de física cuántica y, sobre todo, la idea de que existía un "ciclo" que podía —o debía— romperse para evitar el desastre. Y la frase "No tengas miedo de romper el ciclo" resonó en su mente como un oráculo personal: quizás la línea del tiempo donde el "yo anciano" presenciaba la catástrofe no estaba tallada en piedra.

—*¿Será que, si tengo el valor de detener esta prueba, anularé ese futuro trágico?* —pensó con el corazón acelerado.

Un encuentro con la Dra. Hernández

Consumido por la incertidumbre, Diego buscó a Evelyn Hernández en el laboratorio avanzado, a altas horas de la noche. Ella seguía allí, sola, rodeada de gráficos y papeles.

—¿No duermes nunca? —bromeó Diego con suavidad.

—Quisiera, pero no en estas circunstancias —replicó ella, rindiéndose a una sonrisa cansada—. ¿Tú tampoco?

—Necesitaba hablar contigo —dijo Diego, sentándose en una silla próxima—. Sobre la prueba de mañana. Sobre la posibilidad de... bueno, de no hacerla.

Ella alzó la vista, con un brillo de complicidad en los ojos:

—Te entiendo. Yo también temo las consecuencias, aunque no podamos demostrar "oficialmente" lo que podría ocurrir. Pagán cree que exageramos, y la mayor parte del equipo está dividido.

—¿Y si... la saboteamos? —soltó Diego, en un arrebato de sinceridad. Sintió un escalofrío tras pronunciar esa palabra. Sabía que era un paso drástico, casi un suicidio profesional.

Hernández se quedó en silencio un buen rato, mirando el suelo. Cuando levantó la vista, sus ojos reflejaban una mezcla de dolor y determinación:

—No me lo había planteado... pero comprendo por qué lo dices. Si de verdad creemos que el encendido podría abrir una puerta peligrosa, ¿no es casi un deber impedirlo?

—Exacto —susurró Diego—. Solo que... no sé si tenemos la fuerza para ello. Significa actuar a espaldas de Pagán, de la NASA. ¿Estaríamos listos para las consecuencias?

Hernández inspiró hondo:

—No lo sé. Pero cada vez estoy más convencida de que este proyecto roza fuerzas que la humanidad no domina. Y si la consciencia superior que detectamos no puede hablarnos con claridad, quizá solo nos quede atar cabos con nuestra intuición... o nuestras pesadillas, en tu caso.

Un silencio tenso marcó el final de la conversación.

Ninguno se atrevió a confirmar el sabotaje, pero la idea quedó instalada en el aire, como una chispa a punto de encender la hoguera.

La paradoja del libre albedrío en carne viva

Cuando Diego volvió a su habitación, exhausto, se desplomó en la cama. Pero la mente no le concedió tregua. Soñó, una vez más, con el "yo anciano" que solía advertirlo de la catástrofe. Pero esta vez la escena varió. En lugar de ver el laboratorio o la Tierra devastada, se encontró en la montaña sagrada de Orocovis, junto a los petroglifos taínos. Allí, el anciano llevaba ropas desgarradas y lo miraba con una melancolía infinita.

En el sueño, el anciano le habló:

—*Podrías elegir no repetir mis pasos. Podrías romper este ciclo.*

Aquel intercambio onírico reforzaba la duda más punzante: si ya había un futuro en el que el Puente Cuántico traía muerte y destrucción, ¿por qué darle a Diego la opción de cambiarlo? O, inversamente, ¿era esa opción solo una ilusión, un bucle que se cerraba y se repetía?

Al despertar sudando frío, Diego recordó las últimas palabras de su madre acerca del dibujo del abuelo: *"No tengas miedo de romper el ciclo."* Tal vez el único modo de abrir un futuro distinto era actuar con valentía, aunque la razón y el destino parecieran sellados.

El sol y la hora decisiva

Llegó el nuevo amanecer. La prueba parcial estaba programada para las 8 a. m. El Edificio 9 se llenó de técnicos, ingenieros, militares y ejecutivos dispuestos a presenciar el acto que, en teoría, debía catapultar la misión *Ananké-Marte* a un nuevo nivel de comunicación instantánea. Pagán se paseaba con orgullo y nervios contenidos. La teniente coronel Reynolds mantenía el protocolo de seguridad.

Diego, Hernández y Delgado, en cambio, se movían con el peso de la incertidumbre. Habían instalado todos los blindajes y barreras de enfriamiento que pudieron; aun así, sabían que los pulsos fantasma podían rebasar cualquier previsión. Peor aún, lo que habían vislumbrado en sueños y escuchado en la consola sugería un desenlace turbio si la anomalía se intensificaba.

Cada vez que Diego miraba la cuenta regresiva en las pantallas del laboratorio, sentía el latido de la paradoja.

¿Ese cronómetro marcaba el tiempo hacia una destrucción anunciada o un simple hito de la ciencia? El pálpito en su interior lo empujaba hacia una dirección clara: no encender el Puente, por cualquier medio. Pero, ¿acaso tenía el valor de sublevarse contra Pagán y la NASA? ¿Y si estaba equivocado?

Cuando quedaban 15 minutos para la prueba, sus manos sudaban. Hernández le lanzó una mirada desde el otro extremo de la sala de control, un silencioso intercambio de complicidad y pregunta: "¿Qué haremos?" Diego tragó fuerte, recordando los petroglifos, la voz anciana, la consciencia superior. Recordando, en suma, que había un futuro oscuro, pero también la esperanza de desviarse de esa ruta.

La paradoja del libre albedrío se presentaba en toda su crudeza: si él elegía detener la prueba, tal vez con un sabotaje encubierto, estaba abriendo una brecha para un futuro nuevo. Pero si se dejaba arrastrar por el determinismo de la misión a Marte, quizá solo confirmaría la tragedia que le había sido anunciada.

En el preciso instante en que se dispuso a actuar —aun sin saber cuál de las dos posturas prevalecería—, un rumor recorrió la sala. La imagen de la consola principal se alteró, y los indicadores de energía empezaron a bailar. ¿Era ya el inicio de otra anomalía, o el "llamado" de la consciencia superior que intentaba frenar el experimento? La tensión escaló un peldaño más, y todos se agolparon frente a las pantallas.

El tiempo se detuvo por un segundo en la mente de Diego, forzándolo a confrontar la pregunta esencial: ¿Estamos condenados a repetir la catástrofe, o podemos reescribir la historia antes de que suceda?
La respuesta, supo, dependía de la decisión que estaba a punto de tomar... y esa decisión definiría su destino, y quizá el de toda la humanidad.

Capítulo 12: El punto de no retorno

La tensión en el Edificio 9 de la NASA había llegado a un clímax sofocante. Faltaban apenas minutos para la prueba parcial del Puente Cuántico, un encendido "controlado" pero lo suficientemente arriesgado como para desatar consecuencias impredecibles. Las pantallas de la sala de control mostraban un cronómetro descendente, testigo de que el tiempo se agotaba. Mientras ingenieros y científicos terminaban sus ajustes finales, Diego Cemí Flores, la Dra. Evelyn Hernández y el Dr. Rohan Delgado se debatían en su fuero interno si seguir las órdenes del Dr. Pagán o, por el contrario, dar un paso de rebeldía que podría costarles no solo sus carreras, sino su propia conciencia.

La sala de control en vilo

El lugar estaba abarrotado. A un costado, la teniente coronel Reynolds supervisaba al personal de seguridad, lista para abortar si algo ponía en peligro la estructura. Pagán, con gesto adusto, se mantenía cerca del panel principal, recibiendo informes continuos. En la pared frontal, los monitores mostraban imágenes en tiempo real de la gran cámara cilíndrica del Puente Cuántico, un armazón metálico con aros concéntricos y un enmarañado de cables que se perdía en el techo.

8 minutos para la prueba.

Hernández revisaba por enésima vez las lecturas de los sensores de temperatura y magnetismo, con el rostro crispado de preocupación. A su lado, Delgado comprobaba la integridad de los sistemas de refrigeración, pegado a una tablet.

Diego se hallaba frente a la consola auxiliar, donde aparecían datos cifrados del flujo cuántico. Su mente hervía: la noche anterior, había decidido que, si se presentaba la ocasión, sabotaría el encendido. Pero ¿podía cumplirlo? El dilema seguía latiendo.

7 minutos para la prueba.

El Dr. Pagán se acercó a Diego y lo escrutó con una mirada que pedía conformidad.

—Ingeniero, ¿todo listo?

—Sí, señor... —respondió Diego en un hilo de voz, simulando seguridad.

Pagán, satisfecho, se dirigió a la Dra. Hernández:

—Mantengan la potencia al 40 %. Si alcanzamos comunicación estable con la estación gemela durante 90 segundos, podremos considerarlo un éxito.

La intensidad crecía con cada segundo, y los latidos de Diego se sincronizaban con la cuenta regresiva. Aquel instante se sentía como una profecía a punto de materializarse.

El eco de la consciencia superior

Un detalle no pasó desapercibido: desde hacía una hora, no habían surgido más pulsos con información extraña, ni retazos de la supuesta "voz" que en días anteriores había sacudido el laboratorio. El silencio era, para Hernández y Delgado, tan alarmante como cualquier pico de energía.

—Tal vez... esa consciencia se retiró —aventuró Delgado, sin apartar la vista de la pantalla.

—O tal vez nos observa en silencio —murmuró Hernández, mirando de reojo a Diego—. No quiero sonar mística, pero todo lo que hemos vivido apunta a que "algo" sigue ahí, tras la cortina.

Diego tragó duro. Recordó las visiones de su abuelo y la imagen de su propio "yo del futuro" pidiéndole que no abriera un portal inestable. Volteó a mirar la consola, tentado a realizar un cambio furtivo en los parámetros que inutilizara el encendido. Aun así, temía las repercusiones:

Pagán y Reynolds podrían detectarlo y acusarlo de traición.

5 minutos para la prueba

Un segundo boletín informativo llegó por el intercom:

—Atención, todos al puesto. Falta poco para iniciar la secuencia de pre-activación. Responder enunciando "Listo".

Entre un murmullo de voces, cada sección confirmó su disponibilidad. Delgado y Hernández dijeron "Listo" con voces tensas. Cuando le tocó a Diego, se le secó la boca:

—¿Ingeniero Cemí Flores, estación auxiliar?

—…Listo.

En ese momento, sintió la punzada de la inevitable elección. Si "saboteaba" algo, tenía que hacerlo pronto, y de modo tan sutil que nadie lo advirtiera de inmediato. El pulso de la paranoia retumbaba en sus sienes. Veía a militares y técnicos con semblantes expectantes, mientras las venas de Pagán se marcaban en su cuello, prueba de su impaciencia.

Un forcejeo interno

Mientras transcurrían los minutos, Diego aferró el borde de su consola y echó un vistazo a las líneas de código. Bastaría con teclear una secuencia para recalibrar de forma errónea el suministro eléctrico, un fallo que haría caer el sistema "sin culpables evidentes". Pero el coste era altísimo: toda la misión a Marte quedaría en entredicho, y él se convertiría en sospechoso. ¿Estaba dispuesto a cargar con eso?

Fue entonces cuando notó un leve temblor en sus manos. Pensó en la mirada orgullosa de su madre en Orocovis, en los consejos de su abuelo, en el arduo camino que lo había llevado hasta la NASA. Pero también recordó la advertencia repetida en sus sueños: *"No abras el portal..."*.

El libre albedrío giraba como un torbellino a su alrededor. ¿Sería de veras libre al escoger? ¿O ya estaba decidido en algún futuro irrevocable?

3 minutos para la prueba

La Dra. Hernández se acercó a él casi sin ser vista por el resto. A través del rabillo del ojo, Diego percibió su expresión de urgencia:

—Diego, ¿estás bien?

—No... No lo estoy —confesó él, en un murmullo.

—Mira, he revisado todo. El sistema está en la mínima potencia viable. Con suerte, no pasará nada grave.

—¿Y si ocurre? —replicó Diego—. Sabes que no entendemos a esa inteligencia, ni el efecto de esos pulsos "retro".

Hernández vaciló; su respiración se hizo pesada:

—Si va a suceder algo, será dentro de los primeros dos minutos de la prueba. Después, o estabilizamos la comunicación, o cerramos.

Las palabras retumbaron en la cabeza de Diego. "Dentro de los primeros dos minutos"... Ahí radicaba su última oportunidad de actuar y detener lo que sentía como una condena anunciada.

Encendido parcial: la cuenta regresiva

El cronómetro llegó a 1 minuto. Una alarma suave se propagó por la sala. Los ingenieros activaron paneles de seguridad y los técnicos revisaron extintores automáticos. Pagán, con un micrófono, anunció solemnemente:

—Iniciamos la secuencia de pre-activación en 10... 9... 8...

En la consola auxiliar, Diego vio cómo empezaban a fluir pequeños impulsos de energía hacia la estructura del Puente Cuántico. Las cifras en la pantalla subían de 0 a 5 %, a 10 %, a 15 %, hasta estabilizarse cerca del 20 %. Era un ascenso metódico, calculado para no sobrecargar la cámara.

—...4... 3... 2... 1... ¡Encendido en curso!

Un rumor de maquinaria estremeció los monitores, y el diagrama de la cámara cobró vida, con líneas de potencia brillando en los aros. En la sala de control, todos contuvieron el aliento. La teniente coronel Reynolds paseó la mirada con gesto férreo, y Pagán avanzó para ver los primeros datos.

El umbral se abre

0:00 – La prueba comenzó oficialmente. Los ingenieros confirmaban que la estructura no mostraba deformaciones, y las temperaturas se mantenían estables. Durante los primeros 10 segundos, todo parecía bajo control.

Sin embargo, Diego, Hernández y Delgado sabían que la verdadera tensión llegaba cuando la potencia superaba el 25 %. Allí era donde antes habían aparecido los picos anómalos. Y justo en el umbral de ese porcentaje, la consola se encendió con un zumbido extraño, como si un chispazo magnético atravesara los circuitos.

—¿Lo ven? —exclamó Delgado—. Aquí vamos de nuevo...

Los valores saltaron de 23 % a 24... 25... y una breve oscilación se dibujó en la pantalla: un latido de energía que, aunque pequeño, recordaba los pulsos "fantasma" de días anteriores. La Dra. Hernández se mordió los labios, envuelta en una ráfaga de temores: ¿estaría esa consciencia regresando para advertirlos otra vez?

60 segundos fundamentales

Pagán, concentrado en los monitores, no pareció alarmarse. Se dirigió al equipo:

—Todo en orden, mantengan la subida gradual al 40 %. Comunicaciones con la estación gemela en T-60 segundos.

Diego sintió que el tiempo se ralentizaba, como si cada segundo fuera un golpe de martillo en su cabeza. Quedaba un minuto para llegar a la fase crítica donde la comunicación cuántica se establecería "oficialmente". Si realmente existía un riesgo fatal, sería en ese intervalo cuando el Puente podría salirse de control.

—Diego... —murmuró Hernández, apenas audible— . ¿Qué haremos?

El ingeniero no respondió. Luchaba consigo mismo. Veía la consola, el cableado, las líneas de código. Bastaría con escribir cierto comando para que la potencia se disparara y el sistema se autodesconectara por exceso. Un "accidente" que frenaría el experimento y, quizá, evitaría la catástrofe. O tal vez le costaría su futuro en la NASA.

El punto de no retorno

0:30 – La potencia alcanzaba el 35 %. Los aros del Puente Cuántico, en la imagen de video, brillaban con un resplandor dorado que a Diego le pareció casi místico. El aire en la sala de control pesaba como plomo. Reynolds y Pagán intercambiaban datos, ignorando el drama interior de quienes creían en la amenaza temporal.

Fue en ese preciso instante cuando algo sacudió el interior de Diego: una convicción profunda, una mezcla de la herencia taína de su abuelo, las advertencias oníricas y la certeza de que sí era posible cambiar el destino. Se recordó la frase que su madre había leído de los papeles del abuelo: *"No tengas miedo de romper el ciclo."*

—*Tengo que hacerlo...* —pensó, sudando y con el corazón a mil por hora.

Sus manos volaron al teclado, tecleando con frenesí una secuencia que fingía ser un ajuste de rutina. En realidad, estaba enviando una orden de sobrecarga leve al sistema. El plan era forzar un pico que disparara el protocolo de cierre automático. No dañaría la estructura, pero derrumbaría la prueba.

—¡Ingeniero Cemí Flores! —la voz de Pagán interrumpió su maniobra—. ¿Qué haces en la consola?

Diego se congeló, notando que el Dr. Pagán se había percatado de sus movimientos. Tras un segundo de parálisis, trató de mantener la compostura:

—Estoy... ajustando el flujo en la pistoco de estabilización —mintió, tragando fuerte.

El superior se acercó con el ceño fruncido. Hernández y Delgado, a unos metros, observaban la escena con el corazón en un puño. Reynolds, alerta, también empezó a caminar hacia la consola de Diego. Si lo descubrían, estaba acabado. Pero la secuencia estaba casi completa; solo necesitaba un par de clics.

Un estallido inesperado

0:20 – El indicador de potencia subió a 38 %, casi el umbral final. En la gran pantalla, el brillo del armazón cuántico se intensificó. De pronto, se escuchó un chisporroteo en los altavoces, como un cortocircuito. Una alarma secundaria sonó en la consola de Hernández.

—¡Estamos registrando un aumento de frecuencia! —gritó ella.

Delgado, con la vista fija en su tablet, vio aparecer una gráfica errática:

—¡Es un pulso "fantasma" mayor al de antes! ¡Está desencadenando un pico magnético!

El caos se desató. Pagán soltó un juramento, y la teniente coronel Reynolds exigió un informe inmediato. En las pantallas, la temperatura del anillo principal empezaba a subir rápido, pero sin explicación lógica, como si una fuerza ajena empujara el Puente al límite. Diego se estremeció: ¿acaso su sabotaje no era necesario? ¿La consciencia superior se manifestaba por sí misma?

10 segundos finales

Las gráficas enloquecieron. La cámara del Puente Cuántico mostró destellos de energía recorriendo los aros, como relámpagos miniaturizados. Hernández abrió la boca, a punto de gritar una orden, pero en ese instante un estruendo sordo retumbó en la sala, y las luces se atenuaron.

—¡Desconecten! —bramó Delgado—. ¡Se va a sobrecargar!

—¡No! —respondió Pagán—. Mantengan el curso, podemos estabilizar...

Un chisporroteo mayor brotó en uno de los paneles laterales. La señal de la estación gemela se perdía en la niebla de interferencias. Diego, aturdido, vio que la consola donde tecleaba se apagaba y encendía a intervalos erráticos. El comando de sabotaje que había introducido parecía haber quedado a medias, o tal vez se había mezclado con el caos general. Todo apuntaba a que estaban al borde de un desenlace incontrolable.

El grito de lo desconocido

De repente, la consola principal emitió un siseo que se transformó en una suerte de coro de voces distorsionadas. Como si miles de susurros se fundieran en uno. Hernández y Delgado se miraron con terror y fascinación: la consciencia superior. Ningún humano podía articular tanto sonido a la vez. En medio del estrépito, Diego discernió apenas un eco: *"Detengan... No... cruce..."*.

—¡Esa cosa nos está hablando! —gimió Delgado, con la cara desencajada.

—¡Corten la energía, ya! —vociferó la Dra. Hernández, corriendo hacia el panel maestro.

Pero Pagán, fuera de sí, se negaba:

—¡Esto es un descubrimiento mayúsculo! ¡Podemos controlarlo!

Diego no soportó más. Con las manos temblorosas, corrió

hacia el panel donde Hernández pretendía bajar la palanca de desconexión. La apoyó en su intento y, junto a Delgado, lucharon por forzar la palanca que se había atascado. El calor en el ambiente subía, y las chispas saltaban en torno a la maquinaria, como si algo las retuviera.

El punto de no retorno

0:00 – En una secuencia frenética, el panel cedió. Con un golpe decisivo, Hernández y Diego accionaron la desconexión de emergencia. Una implosión sorda sacudió la estructura del Puente, y todo quedó en penumbras un instante. Después, un zumbido largo y agudo se propagó, como una exhalación final.

La sala de control quedó en silencio. Las pantallas estaban muertas. El único sonido era el de las respiraciones agitadas de los presentes. Tras lo que parecieron siglos, las luces de emergencia se encendieron, dejando ver humaredas leves en algunos rincones.

—Lo... lo hemos apagado —susurró Delgado, con un temblor en la voz.

—¿Está todo el mundo bien? —gruñó Reynolds, tosiendo levemente.

Diego notó que su propia piel estaba empapada en sudor frío. Hernández se dejó caer de rodillas, aliviada por haber detenido algo que pudo salirse de control. Al otro lado de la sala, Pagán permanecía inmóvil, con el rostro desencajado, mientras contemplaba la consola inerte. El experimento no solo había fracasado; se había interrumpido de manera violenta, en un naufragio tecnológico que implicaba graves consecuencias.

Conclusiones provisionales

Cuando los técnicos verificaron que no había riesgo de incendio ni daños irreparables, poco a poco la gente salió del estupor. Se empezaron a oír murmullos: "¿Qué pasó?", "¿Detectamos algo?", "¿Hubo sabotaje?". En el aire flotaba la pregunta de si el fallo había sido natural o provocado.

—Hernández, Delgado... —susurró Diego—. ¿Creen que lo logramos a tiempo?

—Eso creo —contestó Delgado, lanzando una mirada a la cámara a través de los monitores muertos—. Si no lo hubiésemos desconectado, el pico hubiera seguido escalando.

—Aunque no sé si esta consciencia... —Hernández dejó la frase inconclusa—. Lo cierto es que hemos llegado al punto de no retorno.

Diego respiró hondo, comprendiendo que el conflicto entre continuar o detener la misión a Marte se encontraba en un callejón sin salida. La prueba había resultado un fiasco a ojos de Pagán y, probablemente, los inversores cancelarían el proyecto. Pero, por otro lado, ¿acaso eso no implicaba que habían salvado al mundo de un posible cataclismo?

Un guardia los llamó para que abandonaran la sala y fueran a revisarse con el equipo médico. Las alarmas secundarias se habían detenido, aunque el recuerdo del estruendo y de la voz misteriosa aún retumbaba en las paredes.

Una nueva pregunta: ¿Y ahora qué?

Mientras el personal evacuaba y recogía sus cosas, Diego se halló junto a Evelyn Hernández en un pasillo solitario. Ambos estaban exhaustos. Se miraron con una mezcla de incredulidad y alivio. Ella tomó la mano de Diego un instante, en un gesto fraternal:

—Hicimos lo que debíamos. Pero no sé qué pasará después. Pagán, Reynolds... Toda la NASA.

—Los inversores retirarán los fondos, casi seguro —murmuró Diego, sintiendo un vacío en el estómago—. Y nosotros... quedaremos marcados.

—Tal vez. Pero preferiría que nos culpen a descubrir que, si seguíamos adelante, abriríamos una brecha hacia ese futuro que has visto en sueños.

Diego asintió en silencio, recordando la frase del abuelo: "*El tiempo no es una línea; es un puente de estrellas que se cruza con respeto.*" Esta vez había tenido el coraje —o la temeridad— de interrumpir el experimento, rompiendo el ciclo que anunciaban sus visiones. En su interior, sentía una mezcla de culpa y esperanza: tal vez, al fin, había ejercido el libre albedrío de modo real.

Un silencio inquietante... de nuevo

La noche cayó sobre Houston con un aire espeso de incertidumbre. El Edificio 9 se mantenía en un modo de emergencia, con policías y militares rondando para investigar el incidente. El Puente Cuántico yacía inerte, como un animal herido que nadie se atrevía a tocar. Hernández y Delgado tuvieron que rendir un informe inicial, sin desvelar del todo su convicción de que la consciencia superior había estado presente.

En la penumbra de la noche, Diego reflexionó sobre lo que significaba aquel fracaso aparente. ¿Había roto la profecía de un desastre cósmico? ¿O solo había retrasado su advenimiento? Nada estaba claro. Pero ya no había vuelta atrás: el camino lineal hacia la prueba exitosa se había desmoronado. El punto de no retorno se había alcanzado, y con él, la historia tal como la conocía, se fracturaba en otra dirección.

En su habitación de hotel, recibió un par de mensajes de su

madre y uno de Delgado. Todos expresaban el mismo sentimiento: la pregunta de qué pasaría a partir de ahora. Él contestó con un escueto "No estoy seguro, pero seguimos adelante", y luego se dejó caer en la cama, presa de un cansancio desgarrador.

Si bien la prueba había sido abortada en el último suspiro, Diego no sabía todavía si aquello equivalía a un triunfo. Solo el tiempo diría si, al sellar la puerta cuántica, había salvado a la humanidad de la catástrofe que vislumbró en sus sueños, o si el destino encontraría otra forma de imponerse. El silencio de la consciencia superior, desde algún rincón del universo, aguardaría para confirmarlo.

Capítulo 13: El sacrificio

La madrugada siguiente al fallido encendido del Puente Cuántico envolvía el Edificio 9 en un silencio cargado de cenizas simbólicas. Como si un incendio interno—más moral que físico—hubiera devorado los cimientos del proyecto, las luces de seguridad y la atmósfera de emergencia recordaban que algo grave había ocurrido. Los pasillos estaban semivacíos: muchos técnicos e ingenieros se habían marchado tras verificar que no existía riesgo inmediato de colapso en la estructura, aunque las investigaciones por "sabotaje" o "fallo intencional" empezaban a tomar forma.

El laberinto después del caos

Diego Cemí Flores caminaba cabizbajo por el pasillo principal, todavía con su credencial colgando del cuello. La chaqueta de la NASA le pesaba, como si llevara la culpa de años de trabajo truncados. Lo había hecho: junto con la Dra. Evelyn Hernández y el Dr. Rohan Delgado, había detenido el experimento cuando todo apuntaba a un desenlace incierto, quizás catastrófico. Sin embargo, la sensación de triunfo estaba empañada por el presentimiento de que vendría un castigo duro, tanto de la dirección como de los inversores, e incluso la posibilidad de consecuencias legales.

—*No tengas miedo de romper el ciclo* —se repetía en su mente la frase de su abuelo, una y otra vez. Trataba de convencerse de que, a pesar de la sanción que caería sobre él, había hecho lo correcto al "sacrificar" la prueba.

Al girar hacia la sala de reuniones, encontró a la Dra. Hernández de pie ante la puerta, con el rostro visiblemente cansado. Un guardia de seguridad, con semblante serio, se mantenía a un costado. Del interior de la sala llegaban voces alteradas.

—Diego... —murmuró ella en voz baja—. Se están discutiendo las posibles causas del "accidente". Pagán cree que alguien saboteó el sistema.

—¿Te acusó a ti? —preguntó Diego, sintiendo un nudo en el estómago.

—No directamente. Pero no es tonto. Sospecha de todos los que manifestamos dudas sobre la prueba.

Antes de que pudieran intercambiar más palabras, la puerta se abrió con un golpe seco. Salió la teniente coronel Reynolds, ajustándose la gorra, y detrás de ella, el Dr. Pagán. Sus miradas parecían predecir la tormenta.

—Ingeniero Cemí Flores, Dra. Hernández—dijo Pagán—, necesito que se reúnan con nosotros de inmediato. Hay cuestiones que deben aclararse, y el Pentágono quiere explicaciones.

Acusaciones y verdades a medias

El interior de la sala de reuniones se sentía sofocante. Sentados alrededor de una mesa rectangular, varios miembros de la directiva de la NASA, oficiales militares y un representante de los inversores miraban a Diego y Hernández con expresiones duras. Los murmullos se transformaron en un silencio gélido al verlos entrar.

—Hemos revisado los registros de la prueba —anunció con tono implacable el Dr. Pagán—. Justo antes de la sobrecarga, hubo una modificación anómala en la consola auxiliar. Una secuencia de código que desestabilizó los niveles de potencia.

Diego sintió que la sangre se le helaba. ¿Había quedado rastro de su intento de sabotaje, o quizá se entremezclaba con el pulso "fantasma" que apareció en el último momento? En cualquier caso, era obvio que Pagán los señalaba.

—Además —continuó un miembro del comité—, hay testigos que vieron a la Dra. Hernández y al ingeniero Cemí Flores accionar la palanca de desconexión sin esperar la orden del director de la prueba. Han desobedecido un protocolo crítico.

Hernández tragó lento, levantando la barbilla con dignidad:

—Tomamos la decisión de emergencia para evitar un colapso mayor. El sistema ya estaba fuera de rango, podían verlo en los monitores...

—Eso no está comprobado —contestó el representante de los inversores, con una frialdad distante—. Para nosotros, parece más bien una maniobra premeditada que destruyó las posibilidades de éxito.

El rumor creció en la sala. Pagán, con rostro sombrío, hizo un ademán para pedir silencio:

—Quiero saber la verdad: ¿por qué interrumpieron la prueba en el momento más crítico?

Diego dejó escapar un suspiro, sintiendo que la mirada de Hernández lo invitaba a hablar con cautela. No podía revelar que temía un desastre cósmico basado en sueños y supuestas manifestaciones de una consciencia superior. Ninguno de los presentes lo creería sin pruebas, y lo tomarían por un loco o un traidor. Sin embargo, no cabía retractarse de su convicción.

—El Puente Cuántico estaba recibiendo picos de energía inestables —afirmó con voz ronca—. Los detectamos en tiempo real. Fue cuestión de segundos. O cortábamos la potencia o la estructura podría haber colapsado, arriesgando vidas y las propias instalaciones de la NASA.

Pagán lo fulminó con la mirada:

—¿Dónde están esos registros?

—La consola se apagó y muchos datos quedaron corruptos —explicó Hernández—. Pero antes de que se borraran, vimos indicios de que la temperatura subía en la cámara.

—Todo demasiado "casual" —terció la teniente coronel Reynolds, cruzando los brazos—. Y en lo que respecta al supuesto fallo de software, no encuentro evidencias claras de un ataque externo ni de una falla lógica.

—¿Insinúa que fui yo? —preguntó Diego, con un atisbo de rabia contenida.

Reynolds no respondió, limitándose a sostenerle la mirada. El silencio que siguió hablaba por sí solo: había sospechas, y él estaba en la mira.

El ultimátum

Pagán, con un aire de solemne frustración, se dirigió a ambos:

—En vista de lo ocurrido, los inversores retiran su apoyo. El proyecto Puente Cuántico está, de facto, cancelado a menos que presentemos un informe irrefutable de que la tecnología es segura y viable en un corto plazo.

—Sin embargo —agregó el representante de los inversores—, dudamos que eso suceda tras este desastre. Hemos perdido la confianza en la dirección del proyecto.

El golpe era devastador. Diego y Hernández se miraron con incredulidad: tanto esfuerzo, tantos años de estudio y trabajo, quedaban en suspenso por un solo evento crítico. El Dr. Pagán apretó los puños y lanzó un vistazo helado a los supuestos responsables:

—El lunes se celebrará una junta disciplinaria para determinar si hubo sabotaje. Hasta entonces, quedan relevados de sus funciones. Entréguenle sus identificaciones al guardia.

El corazón de Diego se encogió. Ahí estaba, el sacrificio que temía y que, al mismo tiempo, había intuido que debía afrontar. Al fin y al cabo, si su acción de desconexión había evitado un colapso o un desastre mayor—tal como él sospechaba—, valía la pena pagar el precio. Pero duele la renuncia: a su carrera, a su prestigio, al sueño de llegar a Marte.

Un pasillo lleno de sombras

Tras la reunión, un silencio abrumador acompañó a Diego y a la Dra. Hernández mientras cruzaban el pasillo central del Edificio 9, escoltados por un guardia que exigía sus id de acceso. Algunos compañeros los vieron con ojos curiosos y susurros a sus espaldas, como si contemplaran a dos "caídos en desgracia".

—¿Qué haremos ahora? —preguntó Hernández, su voz temblaba por la mezcla de cansancio y rabia—. Ni siquiera nos darán oportunidad de explicar la naturaleza real de lo que presenciamos.

Diego se encogió de hombros, con la credencial NASA en la mano, a punto de entregarla. Sabía que era el momento de dejarla ir:

—No lo sé, doctora. Pero... siento que era esto o arriesgarnos a algo peor.

Ella asintió con tristeza:

—Lo entiendo. Y lo respeto. Solo que... —se interrumpió—. Quizá sea la última vez que pise estas instalaciones.

La mirada de Hernández se perdió en las estructuras metálicas y las computadoras en penumbra. Sabían que, aunque la NASA continuaría con otros proyectos, el Puente Cuántico quedaba manchado por el fracaso. Y ellos, asociados a la peor de las sospechas: la de sabotear la investigación espacial.

Un instante para la verdad

Esa noche, Diego regresó al hotel para recoger sus cosas. Un mail en su bandeja de entrada llamó su atención: "Cita con los directivos el lunes. Investigación disciplinaria." Sintió un escalofrío, pero luego vino un letargo extraño, como si todo el miedo y la duda se hubieran consumido en la hoguera que acababan de atravesar.

—*El sacrificio está hecho* —se dijo, sentado al borde de la cama—. *He perdido mi lugar en la NASA, al menos por ahora. Pero quizá salvé algo más grande: el futuro de todos.*

En el fondo, albergaba la esperanza de que la catástrofe del futuro no se manifestara ahora que la prueba había fallado y los inversores se retiraban. ¿Sería verdad que rompieron el ciclo? No había forma de saberlo con certeza... pero un sentimiento de alivio —aunque triste— le invadía el pecho.

El abrazo de una llamada

Antes de acostarse, decidió llamar a su madre en Orocovis. Cuando la voz dulce de ella atendió, no pudo contener las lágrimas:

—Ma... me retiraron del proyecto. Quizá me despidan de la NASA.

—Ay, mijo, lo siento tanto —susurró ella con ternura—. ¿Pero qué ha pasado?

Diego pensó en resumirlo, pero no halló palabras sencillas:

—Digamos que tuve que elegir entre mi carrera y mi conciencia. Hice lo que creí correcto. No me arrepiento... solo que ahora no sé qué sigue.

—Cuando te sientas listo, regresa a casa por un tiempo. Aquí siempre tendrás un lugar —contestó la madre—. Y recuerda las enseñanzas de tu abuelo: "el cielo sigue allí, aunque no lo veas tras las nubes."

Diego cerró los ojos, sintiendo el calor de esas palabras. Tal vez, en efecto, aquel era un adiós momentáneo a su sueño de la NASA y de viajar a Marte, pero no a la astronomía, ni a los misterios del universo que lo habían impulsado desde niño.

Un encuentro inesperado

A la mañana siguiente, en el vestíbulo del hotel, se topó con la Dra. Evelyn Hernández. Ella también había sido "desalojada" del Edificio 9 y estaba empacando sus cosas. Al verlo, le sonrió con un deje de complicidad:

—¿No has dormido, Diego?

—Apenas un par de horas. ¿Tú?

—Igual. —Ella alzó la vista—. Sabes, no me arrepiento de lo que hicimos. Evitamos que algo peor sucediera.

—Gracias —respondió él, emocionado—. Sin tu apoyo, no habría tenido el valor.

Un silencio cargado de significados se extendió. Por un instante, se miraron como dos exiliados que comparten una causa justa. Hernández, asintiendo con discreción, sacó de su cartera una carpeta:

—Aquí guardo los datos que logramos rescatar antes de que todo colapsara. Ecuaciones, mediciones... Y, lo más importante, el registro parcial de esa "voz" que escuchamos. Podría ser la clave para que, en el futuro, alguien entienda lo que realmente pasó. Te lo confío.

Diego tomó la carpeta con cuidado, sintiendo que sostenía un fragmento de un rompecabezas cósmico:

—Haré lo posible por protegerlo. Gracias.

Un adiós amargo y necesario

Unas horas después, Diego tomó un taxi en dirección al aeropuerto. La NASA le había concedido un permiso forzoso, a la espera de la junta disciplinaria. Estaba casi seguro de que su destino inmediato sería el despido o, en el mejor de los casos, una suspensión indefinida. Mientras el vehículo avanzaba por las avenidas de Houston, con el cielo nublado, él reflexionó sobre todo lo ocurrido:

El Puente Cuántico, que prometía llevar a la humanidad a un nuevo estadio de exploración espacial.

La consciencia superior, manifestada en pulsos y voces imposibles.

La advertencia de su yo anciano, que lo había impulsado a romper una línea fatal.

El sacrificio de su carrera y reputación para evitar un desastre que solo él y unos pocos habían logrado vislumbrar.

A ratos se preguntaba si, tras "detener" la misión a medias, habría borrado realmente el futuro catastrófico o si, de otro modo, solo había aplazado el destino inevitable. Fuera como fuese, no podía hacer más. La decisión estaba tomada.

Cuando subió al avión que lo llevaría de regreso a Puerto Rico, sintió un impulso de mirar por la ventanilla. Las nubes grises se extendían en todas direcciones. Sin embargo, arriba de ellas, el sol seguía brillando. El motor rugió, y el avión despegó, dejando atrás la ciudad que había sido escenario de su mayor logro y su mayor caída.

—*Que sea un hasta luego*, pensó con cierta melancolía, agarrando con fuerza la carpeta que Hernández le había confiado. Quizá algún día volvería a alzar la vista hacia las estrellas, sin la presión de Pagán ni de los inversores, y encontraría la forma de conciliar la ciencia con la espiritualidad, la tecnología con el respeto a los misterios del cosmos. Tal vez ese sería el verdadero puente: el que conectaba el pasado, el futuro y la conciencia universal.

Y así, con el corazón dolido y la conciencia en relativa paz, Diego dejó atrás el Edificio 9, sabiendo que el precio de su decisión era alto, pero confiando en que su sacrificio valdría para escribir un destino distinto.

Una mirada al cielo
(Una despedida que conecta el pasado, el presente y el futuro)

La brisa nocturna soplaba con un rumor suave en las montañas de Orocovis, Puerto Rico, acariciando los árboles y los sembradíos en la falda de la montaña. El canto de los coquíes brotaba aquí y allá, como un eco ancestral que la noche repetía sin cansancio. Bajo el firmamento tachonado de estrellas, Diego Cemí Flores estaba de pie en el viejo balcón de la casa que antaño fue el refugio de su niñez. Tenía los brazos cruzados, contemplando las constelaciones que se extendían más allá de las cumbres oscuras.

Aquel lugar, donde había iniciado sus sueños de astrónomo e ingeniero, lo recibía ahora con una mezcla de nostalgia y consuelo. Hacía ya varios días que regresó desde Houston, tras la cancelación del Proyecto Puente Cuántico y su propia destitución. El mundo, para la NASA y los inversores, seguía girando con otros planes; para Diego, en cambio, los acontecimientos recientes habían fraguado una honda reflexión.

Un abrazo de raíces antiguas

En el interior de la casa, su madre dormía, convencida de que su hijo, aunque golpeado por el infortunio, encontraría otra ruta para expresar su pasión por el cosmos. Diego, sin embargo, seguía con el corazón palpitándole cada vez que recordaba aquellos pulsos "fantasma" y la consciencia superior que se había manifestado en el Edificio 9. Le recorría la certeza de que su decisión de romper el ciclo podría haber salvado el futuro de la humanidad; y, al mismo tiempo, la duda persistente de si, en otro universo, esa catástrofe llegaba a cumplirse.

Los grillos se acallaron un instante. El silencio permitió a Diego oír sus propios latidos. Cerró los ojos y, en la penumbra de su mente, apareció la imagen de su abuelo, con su sonrisa bondadosa, contándole historias taínas sobre el "Puente de las Estrellas" y la magia de los cemíes. Sintió un calor reconfortante, como si la presencia del anciano lo rodeara una vez más, dándole la bienvenida a esa casa impregnada de memorias.

—*Hice lo que creía correcto, abuelo* —murmuró con la voz entrecortada—. *Detuve el portal antes de que todo escapara a nuestro control...*

Al abrir los ojos, la visión nocturna de la Vía Láctea le arrancó un suspiro. Brillaba con fuerza, pintando la bóveda celeste como un camino plateado, la misma ruta que él soñaba con explorar desde niño.

Una despedida y una nueva promesa

Caminó unos pasos hasta el borde del balcón. Bajo sus pies, la tierra puertorriqueña se extendía en un manto de sombras suaves, con montañas onduladas hasta el horizonte. Fue allí donde, de niño, aprendió a querer las estrellas. En sus pulmones, el aire puro de la sierra le recordaba que aún quedaba un mundo lleno de maravillas por descubrir, más allá de los laboratorios y los papeles burocráticos que habían aplastado sus ambiciones recientes.

—*Lo perdí todo en la NASA, sí* —pensó, con un regusto amargo—, *pero no perdí mi curiosidad; no perdí esa chispa que me hace alzar la mirada al cielo cada noche.*

En su mente, la palabra "sacrificio" se repetía. Desde el abismo de sus decisiones, él había ofrecido su carrera como pago para salvaguardar un futuro mejor, o al menos, para evitar ese "otro" futuro donde el tiempo se quebraba en una catástrofe. ¿Acaso su suerte cambiaría si la NASA lo contactaba en el futuro? ¿Sería exonerado de la acusación de sabotaje? No había respuestas inmediatas, solo la intimidad de su conciencia que lo reconfortaba con la idea de haber escuchado la "voz" del universo, aquella que le pedía detenerse al borde del abismo.

La libreta del abuelo y la carpeta de Hernández

En la mesa del balcón yacían dos objetos. Uno era la libreta marrón de su abuelo, con los símbolos taínos y reflexiones sobre el "Puente de las Estrellas" y los cemíes. El otro, la carpeta que la Dra. Evelyn Hernández le había entregado antes de la despedida final en Houston. Contenía extractos de datos y fragmentos de aquella "voz" cuántica que se había manifestado en el laboratorio.

Diego tomó la carpeta, hojeándola a la luz de una vieja lámpara. Allí estaban las gráficas del pulso, los registros del entrelazamiento y, sobre todo, el audio distorsionado donde, si uno afinaba el oído, casi se adivinaban matices de un lenguaje que desafiaba la comprensión humana. Al revisarla, sintió un escalofrío reverente:

—*Hay tanto por entender* —susurró, con la determinación renacida—. *No es el fin de la investigación, solo un cambio de ruta.*

Aunque la NASA le había cerrado sus puertas por ahora, estaba convencido de que este material, mezclado con la sabiduría ancestral de su abuelo, podría ser la piedra angular de una nueva visión para la humanidad. Tal vez no en un gran laboratorio, sino en la humildad de su tierra natal, donde ciencia y espiritualidad se dieran la mano para descifrar los secretos del tiempo.

El eco de una fuerza cósmica

La brisa nocturna volvió a soplar, e hizo crujir la vieja madera del balcón. Bajo aquel firmamento tan nítido, Diego tuvo la sensación de que las estrellas parpadeaban con un compás sutil, como si respondieran a su inquietud interior. Recordó la consciencia superior que había emergido en el Edificio 9 y se preguntó si, en ese preciso momento, lo contemplaba desde las profundidades del cosmos.

—*Tal vez* —pensó—, *estamos todos unidos en una misma red: las historias taínas, las teorías cuánticas, los sueños y las realidades...*

Sonrió con un atisbo de paz. No había certezas absolutas, pero sí la convicción de que la vida humana no era un accidente indiferente en el universo. Algo —llámese Dios, consciencia cósmica, cemí o entramado cuántico— resonaba con las decisiones libres y con la fe en un porvenir distinto.

El reencuentro con las montañas

Decidió que ya era hora de un pequeño ascenso a la montaña sagrada que su abuelo llamaba "La Cima de los Sueños". Se colocó un abrigo ligero y echó los dos objetos preciados —la libreta y la carpeta— en una mochila. Sin dar explicaciones, salió de la casa y tomó la cuesta que subía por entre la vegetación. El canto del coquí se alzó como si le diera la bienvenida, y la luna creciente, colgada en lo alto, iluminaba apenas el camino pedregoso.

Tras varios minutos de camino, llegó a un claro donde sobresalía una gran roca con petroglifos taínos. Reconoció los símbolos, casi idénticos a los que su abuelo había dibujado en la libreta y que tanto se parecían a las representaciones modernas de campos cuánticos enmarañados. Se detuvo, contemplando aquellas marcas ancestrales que parecían narrar la misma epopeya que él había vivido: la conexión entre el pasado y el futuro, entre la conciencia humana y la inmensidad estelar.

—*Es como si nuestros antepasados ya intuyeran* —dijo en voz baja—, *que el tiempo no es una línea, sino un tejido donde todo se toca: la vida, la muerte, la esperanza, el destino.*

Un deseo transformado en visión

Alzó la mirada al firmamento. Las constelaciones se desplegaban majestuosas. Allí, en ese mosaico infinito, Diego buscó las estrellas que de niño le habían enseñado su abuelo y su madre. Imaginó que cada punto de luz era un guiño del universo, confirmando que no estaba solo. Sintió una pulsión en el pecho, un deseo ferviente de que la humanidad encontrara un modo más humilde y consciente de explorar el espacio, honrando la vida en vez de arriesgarla por soberbia.

—*No es colonizar, sino comprender* —pensó con fuerza—. *Quizá eso era lo que la consciencia superior nos quiso decir.*

Se arrodilló junto a la roca, depositó la carpeta y la libreta sobre ella, y unió las manos en gesto de respeto. Cerró los ojos, permitiéndose soñar con un futuro donde, sin la urgencia de explotar el cosmos, la civilización humana se abriera a un diálogo profundo con la esencia del universo. Un futuro en que la ciencia se alimentara de la sabiduría milenaria y viceversa, construyendo puentes verdaderos en vez de portales inestables.

El firmamento como testigo

Cuando volvió a erguirse, la luna había ascendido un poco más, delineando las siluetas de las montañas con un tenue resplandor plateado. Diego se sintió parte de un todo inmenso y sagrado: la tierra, las estrellas, el aire y las historias taínas se fundían en un único latido. Por un instante, creyó percibir la voz de su abuelo:

"Mira el cielo, Dieguito... Allí se escriben nuestros sueños, y en ese puente de luz viajamos, si sabemos escuchar."

Una calidez recorrió sus venas. No necesitaba el permiso de la NASA para levantar la vista y amar el firmamento. No requería fondos millonarios para atreverse a investigar el cosmos desde el corazón de su propia tierra. Aunque lo hubieran apartado del Puente Cuántico, sentía que, en realidad, acababa de cruzar el mayor umbral de todos: el umbral del coraje para elegir el bien común por encima del prestigio personal.

El amanecer de un nuevo ciclo

Fue quedándose allí, contemplando el horizonte, mientras el cielo empezaba a perder su negrura ante los primeros indicios de la aurora. Pensó en la junta disciplinaria que, en apenas un par de días, dictaminaría su futuro oficial en la NASA. Pero la angustia ya no lo dominaba: la semilla de su libertad interior estaba sembrada en esas montañas, y pase lo que pase, sabía que su vida seguiría guiada por la pasión de descubrir el universo y la certeza de que, a veces, hay que sacrificarlo todo para proteger la llama de la esperanza.

Cuando el sol asomó finalmente, tiñendo el cielo de rojos y naranjas, Diego se irguió en toda su estatura, aspiró con fuerza el aire matinal y sintió una paz desconocida. Tenía la mochila de la memoria ancestral, la carpeta de la ciencia incomprendida y el corazón libre de culpas. Desde esa montaña, veía el mundo con otros ojos: ya no lo ataban los miedos ni el qué dirán. Él mismo era un puente, entre el legado de su abuelo y los futuros posibles que resonaban en la cuántica de su conciencia.

Al descender la montaña, la luz cálida del sol bañó su figura. Con la frente en alto, Diego sintió la fuerza de un destino renovado. Sabía que su lucha no terminaba allí: quedaba todo un camino por recorrer, tratando de unificar la sabiduría de quienes amaban la tierra con la ciencia que ansiaba las estrellas. Y en esa búsqueda, cada noche, al alzar la mirada al cielo, reviviría el impulso que lo había llevado a arriesgarlo todo por aquello en lo que creía:

La certeza de que el universo siempre habla, a través de voces misteriosas y señales cuánticas, y que nuestro libre albedrío es el mayor regalo—y a la vez, la mayor prueba— para forjar un porvenir digno.

Así, mientras el nuevo día se desplegaba con un esplendor casi épico sobre Orocovis, Diego cerró los ojos un segundo y dejó que el viento le susurrara: *"No estás solo... ni lo estarás nunca, mientras exista la estrella que te llame y la consciencia que te escuche."*

Capítulo 14: Liberado por el tiempo

El rocío de la madrugada se deslizaba por las hojas en Orocovis mientras el cielo se teñía de un azul cristalino. Habían pasado varios días desde que Diego Cemí Flores regresara a su tierra natal, dejando atrás el fallido Proyecto Puente Cuántico y, quizá, su reputación dentro de la NASA. Pero cada mañana, el sol que emergía sobre las montañas le recordaba una verdad liberadora: los ciclos se rompen, las heridas cierran, y el tiempo —más que una línea inexorable— es un tejido que puede tejerse de nuevas formas.

Una conversación pendiente

Al rayar el amanecer, Diego salió de la casa familiar con una mochila al hombro. Dentro, llevaba la libreta marrón de su abuelo y la carpeta de datos que le había confiado la Dra. Evelyn Hernández. Caminó hasta un claro cercano, donde se abrió paso entre los pastizales hasta hallar un viejo banco de madera. Allí solía sentarse con su abuelo de niño, a contemplar las estrellas por la noche o la niebla que se esparcía al amanecer.

Se sentó y contempló el horizonte. La naturaleza despertaba con su propia sinfonía: el trinar de los pájaros, el susurro del viento y, a lo lejos, el ruido ocasional de los perros del barrio. En esa música original, Diego sintió que las piezas de su vida, aunque rotas, empezaban a encajar de una manera nueva.

—*Abuelo* —murmuró en un arranque sincero—. *Ya no estoy en la NASA. Perdí mi trabajo, pero tal vez salvé algo más grande. ¿Qué se supone que haga ahora?*

En su interior, resonó la esencia de las lecciones que el anciano le dejó de niño. Aquella voz profunda que le hablaba de un "Puente de las Estrellas", de una conexión entre los mundos y de la importancia de escuchar los sueños. Quizá, sin el peso de los proyectos oficiales y la presión de los inversores, Diego por fin podía ser libre para encontrar otro camino.

El eco del futuro que no fue

Una brisa fresca acarició su rostro. Por un instante, cerró los ojos y se imaginó en aquel otro futuro catastrófico que tanto había presentido: el colapso del sistema solar, la humanidad al borde de la extinción, su versión anciana en agonía implorando que no se abriera el portal. Sintió un escalofrío, pero al abrir los ojos, solo vio la belleza de las montañas y el perfume de las plantas boricuas. Ese futuro no se había concretado... al menos en su línea de realidad.

—Tal vez lo evitamos. Tal vez estamos aquí gracias a que nos atrevimos a detener la prueba —pensó Diego, con el corazón aliviado. Y si la humanidad volviera a toparse con un peligro similar, ya no sería por los mismos motivos ni en las mismas condiciones. El ciclo había sido roto.

La llamada de la consciencia superior

Al repasar la carpeta de Hernández, recordó la "voz" que emergió del canal cuántico. Le perturbaba la imposibilidad de descifrar aquel lenguaje. Por la forma en que se manifestaba, bien podría ser una inteligencia más antigua que la propia civilización humana, o un eco del universo que existía fuera del tiempo. Sin embargo, la breve conexión le había bastado para intuir que el cosmos no era un escenario mudo, sino un sistema vivo y consciente en el que la humanidad jugaba un papel delicado.

—*Quizá siempre estuviste ahí, observando* —murmuró Diego, con una emoción que le humedecía los ojos—. *Y nosotros, en nuestra prisa por conquistar, no aprendimos antes a escuchar.*

Sonrió con un matiz de esperanza. Aunque su carrera en la NASA se hubiera frenado en seco, y los altos mandos lo vieran como un saboteador, por dentro se sentía más científico que nunca: su curiosidad se había expandido más allá de los límites de la ciencia convencional, tocando la espiritualidad y la ancestralidad que habitaban en su sangre.

La voz de un mensaje nuevo

Con el paso de los días, Diego empezó a anotar en su libreta reflexiones que unían las teorías cuánticas con las visiones y la simbología taína. Muy pronto, sus notas crecieron hasta formar un boceto de libro o tratado híbrido, algo que a los ojos de la academia ortodoxa quizá luciría a medias entre lo "místico" y lo "científico". Pero eso ya no le preocupaba: se sentía liberado de la necesidad de la aprobación institucional.

Con cada línea escrita, sentía que el tiempo —aquel tirano que marcaba cuentas regresivas y plazos— ahora era un aliado. Ya no vivía urgido por demostrar nada a nadie. Había elegido un camino más amplio, donde el pasado de su abuelo, el presente de su intuición y el futuro que vislumbraba como posible confluían en una armonía insospechada.

—*Liberado por el tiempo* —anotó una mañana en el margen de una hoja—. *Sí, eso es lo que siento. No soy un esclavo del destino, ni de los plazos de la NASA, ni de las visiones apocalípticas. He comprendido que tenemos el poder de alterar los desenlaces si escuchamos la voz del universo y actuamos con amor y responsabilidad.*

Un reencuentro con la misión interna

Las jornadas transcurrieron, y Diego no se quedaba inactivo. Labores cotidianas ayudando a su madre en la pequeña finca, colaborando con la comunidad en proyectos de energía limpia (irónicamente, usando parte de su conocimiento de ingeniería), y en las noches, un ritual personal: subir al techo o a un mirador cercano a contemplar las estrellas, intentando comprenderlas desde su renovada libertad.

Fue en uno de esos atardeceres cuando recibió un mensaje de texto de la Dra. Evelyn Hernández. Ella también había abandonado la NASA tras la cancelación del proyecto, pero seguía analizando la grabación de los "pulsos fantasma" y la "voz" que captaron. El mensaje era breve: "Sigo aquí. No desistas. El universo es más grande que cualquier institución." Aquella frase le arrancó una carcajada suave y una emoción genuina. No estaba solo en su búsqueda.

—*No, no desistiré* —respondió Diego con la mirada clavada en la bóveda celeste—. *Ninguno de nosotros desistirá de entender este misterio.*

La reconciliación con su destino

Y es que, cuando alzaba la vista al cielo, ya no sentía el peso del fracaso; en cambio, veía un horizonte abierto. El tiempo, que parecía un verdugo implacable en los laboratorios con sus cuentas regresivas, se había transformado en un amigo que le regalaba cada mañana y cada noche para seguir descubriendo y amando el universo. Recordó, con un escalofrío, la frase que su abuelo escribiera en un papel: *"El tiempo no es una línea, sino un río donde todos los instantes coexisten. Aprende a nadar sin miedo."*

En cierto modo, ahora "nadaba" con la corriente de un presente abierto a infinitas posibilidades. Con la misión a Marte detenida de forma indefinida, había menos presión sobre sus hombros; había perdido la carrera de ingeniero en la NASA, sí, pero había ganado una perspectiva de la vida y del cosmos infinitamente más amplia. Como si, al romper el ciclo, se hubiese liberado también de las cadenas que lo ataban a un futuro rígido.

El reencuentro final

Cierta noche, cuando ya la oscuridad cerraba el día, Diego se animó a subir de nuevo al lugar de los petroglifos taínos que su abuelo llamaba "La Cima de los Sueños". Allí, se sentó con la espalda apoyada contra la gran roca grabada y contempló el espectáculo sideral: la Vía Láctea formaba un puente de luz inmenso, y la luna asomaba su brillo tenue, añadiendo una atmósfera casi sagrada. Abrió la libreta marrón y, a la luz de una linterna, empezó a leer en voz baja:

"Nuestro espíritu viaja por un puente cuando soñamos. El puente no es de piedra ni madera, sino de luz y conciencia. Aquel que aprenda a caminarlo sin temor, hallará puertas hacia los futuros posibles."

Se emocionó. Cada línea de su abuelo encajaba con lo que

había experimentado en la NASA: la comprensión de que la conciencia universal se manifestaba en sueños, pulsos cuánticos y mensajes imposibles. Sintió que, de algún modo, el abuelo habría estado orgulloso de la decisión que tomó: sacrificar la misión para evitar un desastre. Recordó la visión de su "yo anciano", que lo empujó a cambiar el destino. Ahora, el presente lucía distinto, libre de la fatalidad que parecía insalvable.

Liberado por el tiempo

Alzó la mirada y dejó caer la linterna; la oscuridad volvió a ceñirse, pero lo hizo con ternura. Fue entonces cuando, como un destello interior, entendió el significado de ser "liberado por el tiempo": no era una rendición ante el futuro ni una nostalgia del pasado, sino la conciencia de que el destino podía reescribirse. Ya no estaba encadenado a una cuenta regresiva mortal, ni a las profecías de destrucción. Había elegido con libertad, y esa elección había abierto un nuevo camino en el río del universo.

—*Gracias* —murmuró al cielo estrellado, sin dirigirse a nadie en concreto, o tal vez al universo en su totalidad. Se recostó sobre la roca, dejando que la noche lo envolviera en su manto. El Puente Cuántico podía haberse clausurado, pero en su interior, el Puente de las Estrellas permanecía abierto, un canal entre la ciencia, la espiritualidad, el pasado taíno y el futuro de la humanidad.

El amanecer de una nueva historia

Cuando despuntó el sol, las últimas estrellas se desvanecieron en el firmamento. Diego bajó de la montaña con pasos firmes. El aire se sentía más puro, y su pecho, más liviano. Pensó en los días venideros: la investigación disciplinaria, la incertidumbre de si la NASA le permitiría alguna vez volver... Pero ya no temía. El tiempo se había vuelto su aliado, y su espíritu no se doblegaría por un veredicto burocrático.

Al llegar a casa, encontró a su madre en la cocina, preparando café. Ella lo recibió con una mirada llena de complicidad, como si intuyera que su hijo había resuelto algo interno. Diego, con una sonrisa, se sentó a la mesa y abrió la libreta:

—Ma, quiero leerte algo —le dijo, con un brillo en la mirada—. Es sobre los sueños y el puente de los taínos, pero estoy mezclando algo de lo que aprendí allá en Houston...

La mujer asintió, y mientras el aroma del café impregnaba el aire, Diego leyó en voz alta las reflexiones que se habían convertido en su filosofía de vida. Habló del tiempo no como una prisión, sino como un tejido que podemos tocar desde nuestro interior. Habló de cómo, aunque se cerraran algunas puertas, otras infinitas se abrían en el horizonte. Y recalcó que la libertad auténtica emerge cuando uno es capaz de escuchar las voces del universo —del pasado y del futuro— y actuar con amor y coraje en el presente.

—*"Estamos liberados por el tiempo, no atrapados en él"*, concluyó. Su madre sonrió, con lágrimas asomando en los ojos.

Final abierto a las estrellas

Aquel día transcurrió con una serenidad nueva, y cuando llegó la noche, Diego subió de nuevo al balcón para lanzar una última mirada al cielo. Recordó los sucesos recientes como una epopeya que lo había arrancado de su zona de confort y lo había conducido a encarar lo desconocido: la consciencia superior, el libre albedrío, la prueba abortada, el sacrificio de su carrera. Todo resumido en la imagen de un cosmos que, lejos de ser indiferente, se presentaba rebosante de secretos.

Liberado por el tiempo, pensó Diego al contemplar la primera estrella del anochecer. No tenía certezas sobre el día de mañana, pero su conexión con el firmamento era más poderosa que nunca. Había salido herido de la NASA, pero libre de un destino impuesto. Sonrió para sí, sabiendo que, al final, el verdadero viaje a Marte o a cualquier otro rincón del universo comenzaba dentro de uno mismo, en la humildad de aprender que no somos amos, sino parte de una totalidad grandiosa.

Y así, mientras la noche se encendía con constelaciones que parecían susurrar su nombre, Diego Cemí Flores se reconoció no como un vencido, sino como un navegante que, con su sacrificio, había abierto un nuevo camino para la humanidad. Un camino donde la ciencia y la conciencia ancestral podían unirse para entender que, en este cosmos infinito, el libre albedrío —cuando se ejerce con amor— es un rayo de luz que transforma el destino.

FIN

NOTAS DEL AUTOR:

APUNTES CIENTÍFICOS Y FILOSÓFICOS DE
"El Puente de las Estrellas: La Encrucijada Cuántica"

En esta sección, quiero compartir con quienes leen estas páginas los fundamentos conceptuales que sustentan la trama y los dilemas a los que se enfrentan los personajes a lo largo de la novela. Aun cuando la obra se desarrolle como una ficción literaria —aderezada con tintes de suspenso, misticismo y exploración personal—, he procurado inspirarme en teorías científicas y reflexiones filosóficas reales que dan textura a la historia. A continuación, describo los cuatro pilares de los que se nutre la obra: la mecánica cuántica, la naturaleza del tiempo, la conexión con lo ancestral y la noción de una consciencia superior.

MECÁNICA CUÁNTICA Y EL ENTRELAZAMIENTO

Uno de los ejes centrales de la novela es el Proyecto Puente Cuántico, una iniciativa que aspira a enviar información (e incluso, en el futuro, materia) a través de distancias enormes, o potencialmente a través del tiempo gracias al entrelazamiento cuántico. En la física cuántica, el entrelazamiento describe la capacidad de dos (o más) partículas de compartir un estado cuántico de tal manera que lo que le ocurre a una repercute instantáneamente en la otra, sin importar la distancia que las separe.

Inspiración real: La comunidad científica ha demostrado experimentalmente el entrelazamiento de fotones y átomos. Aunque el envío de información al pasado no está aceptado por las leyes físicas consensuadas, la novela extrapola la idea hasta sus últimas consecuencias: la posibilidad de que un sistema avanzado manipule la estructura del espacio-tiempo mediante el entrelazamiento.

Este concepto no solo sirve como recurso para la comunicación instantánea o el proyecto de la NASA; se convierte también en un símbolo de la interconexión que existe entre todos los seres y las fuerzas del universo, reflejando la premisa de que nuestras acciones trascienden fronteras convencionales.

LA NATURALEZA DEL TIEMPO

El tiempo es un personaje implícito en la obra. Se presenta como un hilo conductor que va mucho más allá de un mero avanzar lineal. En la novela, se sugiere que el tiempo podría "plegarse", "ramificarse" o incluso permitir la retrocausalidad (influencias desde el futuro) a través de pulsos fantasma y "mensajes" que alertan a los personajes sobre catástrofes venideras.

Teorías inspiradoras:

El universo-bloque: Concebido por algunos físicos y filósofos como una estructura en la cual pasado, presente y futuro coexisten. Nuestra percepción lineal del tiempo sería, entonces, un reflejo de la conciencia humana, no de la realidad externa.

Interpretación de muchos mundos: Postula la ramificación constante de la realidad cada vez que un suceso cuántico puede tener varios resultados, creando múltiples futuros paralelos.

Retrocausalidad: Aunque controvertida, ciertos físicos plantean que podría haber procesos donde el futuro afecte al presente.

Dilemas narrativos:

    Paradoja del libre albedrío: Si el futuro se ve y se advierte, ¿es posible evitarlo? ¿O se cumple inevitablemente?

    Visiones oníricas: El protagonista recibe advertencias en sueños, lo que pone en jaque la noción de que el tiempo está cerrado. Estas imágenes, entre la premonición y la probabilidad cuántica, abren un debate ético: ¿qué sucede si al "alterar" el futuro también alteramos nuestras propias motivaciones?

LO ANCESTRAL Y LA CONEXIÓN ESPIRITUAL

El personaje principal, Diego Cemí Flores, natural de Orocovis, un lugar montañoso en el corazón de Puerto Rico. Desde niño, su abuelo le inculcó historias taínas sobre el "Puente de las Estrellas" y la presencia de los cemíes como entes o espíritus mediadores entre el mundo material y las fuerzas cósmicas. Estas creencias, en la novela, se combinan con los hallazgos científicos para dar sentido a un proceso donde los mitos ancestrales parecieran anticipar la mecánica cuántica y la consciencia universal.

Raíces culturales: Se destacan las referencias a los petroglifos taínos, los ritos de conexión con la naturaleza y la idea de que el sueño no es un refugio ilusorio, sino un "viaje" hacia otros planos de la realidad. La sabiduría de su abuelo sugiere que los ancestros ya concebían que el tiempo podía romperse o unirse por medio de puentes sagrados.

LA NOCIÓN DE UNA CONSCIENCIA SUPERIOR

Uno de los puntos culminantes de la historia es la aparición de "pulsos" o "mensajes" que no se explican únicamente desde la causalidad mecánica. El equipo en la NASA se encuentra con una presencia o inteligencia que parece habitar el tejido cuántico del universo, o quizás trascender la línea temporal.

Posibilidades científicas:

Hipótesis del universo consciente: Algunas corrientes especulan que la conciencia podría estar entrelazada con la propia estructura del espacio-tiempo. Esto, a nivel literario, da pie a la idea de que el "gran observador" pudiera ser un campo cuántico autoconsciente o una "fuente cuántica".

Teoría de la panpsiquia: Una filosofía que propone que todo lo existente tiene algún grado de conciencia.

Al final, "*El Puente de las Estrellas: La Encrucijada Cuántica*" invita a reconciliar la inteligencia racional con la sabiduría espiritual, y a recordar que, en el universo, el acto de observar y el acto de ser observado podrían ser una misma cosa. Así, el lector se asoma a la fascinante posibilidad de que, con cada decisión, dibujamos el tapiz de un tiempo que no está del todo escrito, sino que se recrea, instante a instante, en la conciencia de todas y todos.

No soy especialista en física, pero sí un creativo apasionado de lo posible y de lo imposible. En mis años como maestro de ciencia en una escuela privada de San Juan, aprendí que enseñar y aprender son dos caras de la misma moneda: cada pregunta de mis estudiantes me impulsaba a buscar respuestas, y cada respuesta me llevaba a plantearme incógnitas todavía más profundas.

Hoy siento un profundo respeto y admiración por quienes dedican sus vidas a buscar verdades que, en última instancia, solo nos recuerdan lo diminutos que somos ante la inmensidad cósmica... o lo grandiosos que podemos llegar a ser, porque llevamos en nuestro interior la huella de todo el Universo. Al final, quizás esa paradoja, entre ser nada y serlo todo sea el motor de nuestra incesante curiosidad.

El Puente de las Estrellas: La Encrucijada Cuántica.

Diego Cemí Flores, un ingeniero puertorriqueño que creció bajo el influjo de historias taínas en las montañas de Orocovis, es reclutado por la NASA para un ambicioso proyecto que podría cambiar la historia de la exploración espacial. Mientras se prepara una misión tripulada a Marte, Diego descubre un fenómeno cuántico que trasciende la lógica conocida y parece conectar distintos puntos del tiempo... y tal vez, de la consciencia humana.

En su intento por desentrañar los secretos de este "Puente Cuántico", Diego se verá confrontado con visiones de un futuro devastador y advertencias provenientes de una **consciencia superior**. Atrapado entre la pasión por la ciencia y el legado espiritual de su abuelo, deberá optar entre avanzar a toda costa hacia la conquista de Marte o sacrificarlo todo para salvar a la humanidad de un destino incierto.

El Puente de las Estrellas: La Encrucijada Cuántica, es una historia que combina la fuerza de la ciencia ficción con la mística de una herencia cultural milenaria. Una novela donde el tiempo no es una línea, sino un laberinto tejido por decisiones humanas y ecos cósmicos, y en la que un solo acto de coraje puede romper el ciclo que traza el porvenir.